法治建设与法学理论研究部级科研项目成果
（项目编号：12SFB3032）

民间融资
法律补偿机制实证研究

一个中小企业的视角

李　婧／著

法律出版社
LAW PRESS·CHINA

目 录

导论　中小企业民间融资法律问题研究的现实反思与可能进路

——基于大数据平台高被引论文的实证研究

融资难作为中小企业发展的沉疴，是具有普遍性的世界难题。尤其是在我国，基于中小企业“强位弱势”的尴尬境地，民间融资已成为解决这一难题的新渠道。特别是随着 2015 年 8 月最高人民法院《关于审理民间借贷案件适用法律若干问题的规定》[①]（以下简称《民间借贷司法解释》）和《非存款类放贷组织条例》的公布，民间资本进入融资领域有了法律支撑。

① 最高人民法院于 2015 年 8 月 6 日发布的《关于审理民间借贷案件适用法律若干问题的规定》，于 9 月 1 日起开始实施。其主要明确了民间借贷的主体、民间借贷合同的效力、互联网平台借贷的责任、民间借贷的利率等重要事项。国务院则于 2015 年 8 月 12 日公布了《非存款类放贷组织条例》，规范了非存款类放贷组织的设立、终止和业务经营，明确省级人民政府的监管职责和风险处置责任，并对违反条例的行为规定了相应的法律责任。这两部规范对推动民间借贷法制化和阳光化进程，深化金融体系改革意义重大。

然而，和与时俱进的融资法治进程以及大案频发的融资实践相比，目前中小企业民间融资法律问题之研究现状，无论从研究框架、研究路径还是研究素材来看，都差强人意，问题重重：源于传统研究的外源性视角，现有的立论侧重于经验分析和规范层面，研究视角单一，不可避免地带有“主观主导”和“科学缺乏”的嫌疑；研究集群各自为政，成果和新知互不交流，严重扼杀了研究深化的进一步可能；忽视或无视动态行进中的司法实务，对建立“严而不厉”又行之有效的惩罚体系缺乏关注，致使理论研究丧失了应有的先行作用；对影响融资实践的法律文化不予置喙，提出的法制设计缺乏群众路线和实施基础。

如上所述，学界研究的种种弊端已远远不能满足日新月异的融资实践对理论的渴望与诉求，改革现有的研究模式、研究方法，建立新的研究机制和模型迫在眉睫。本书以内生性的全新视角，拟取实证分析与规范分析、定量分析与定性分析的协同路径①，采撷具有代表性的高被引论文为基本素材，建立数据模型，尝试探索对这一主题研究的可能路径。此种努力“一方面，反映了该科学文献的发展基础；另一方面，又通过标准量化的科学文献规范为后来研究者的研究提供创新扩散的传播便利”。②

① 本书所有的数据基于国内两大期刊数据平台：人文社科引文索引 CSSCI 和中国知网 CNKI。以这两个数据库所收录的 1979 年至今的 1740 篇文章为研究对象，并以其中 100 篇高被引论文为实证基础进行理论建模和研究构造。

② 参见季丹、谢耕耘：《中国网络舆情研究的历史回顾和反思——基于 CNKI、CSSCI 高被引论文观察》，载《上海交通大学学报》（哲学社会科学版）2012 年第 1 期。

一、中小企业民间融资法律问题研究的学术曲线

国内学者对现代民间金融与企业关系的研判始于改革开放后，具有市场经济意义的民间资本开始活跃之时。从“民间金融崛起”的提出①到“民间金融法制化”的深入，经过30多年的耕耘，学术成果数量相当可观。以“中小企业·民间融资·法律”为主题，在中国知网（CNKI）进行检索，其显示1979年至今的论文共为1740篇②。每年所发表的论文数量不等，详见图1。

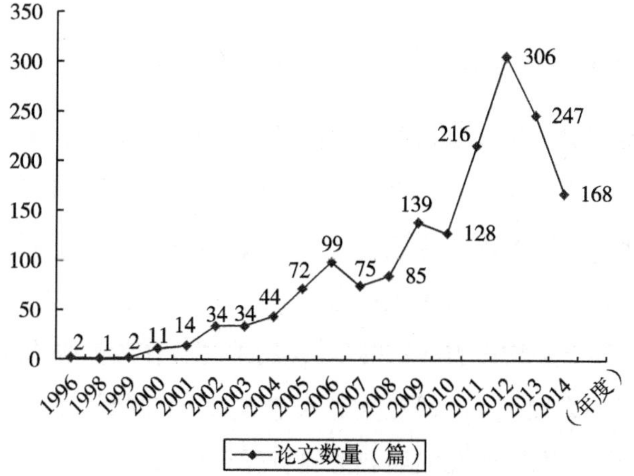

图1　中小企业民间融资学术关注度（1979～2014年）

由图1可见，国内在此领域的研究状态基本分为两个阶段：一是从1979年至2000年。其间论文数量较少，总体不超过20篇。20世纪80年代的改革浪潮推动了民间融资的复苏，在福建东南沿

① 参见段求平、程列：《浅议建立资金市场的条件及其对策》，载《南方经济》1986年第6期。

② 检索和数据更新的截止日期为2015年8月12日。

海、浙江温州等地出现了民间融资机构及随之而来的金融风险。但金融实践并未带动研究的繁荣和成果的产出。二是 2001 年至今。随着学术研究意识形态的放开以及民间融资司法案件的频发,学界对中小企业民间融资的关注与兴趣日益倍增,所发表的论文数量也水涨船高。从 2001 年的 14 篇跃至 2012 年的 306 篇,12 年间增幅近 30 倍。虽然 2013 年、2014 年数量略有下降,但这主要由网络更新延迟与论文收集速度所致,并不影响学界在此领域保持长久热情与高产出的总体趋势。

二、高被引论文的数据模型与实证分析

一篇论文是否被他人引用以及引用的次数,在一定程度上反映了该篇论文的学术质量和学术影响。[①] 在检索而得的 1740 篇论文中,有 1052 篇或多或少地被引用过。其中被引次数最高的是 1040 次,最低的是 1 次,总引用次数为 7714 次,平均被引次数为 7.3 次。若根据学界以平均被引次数的 2 倍(约 15 次)作为高被引论文的准入标准,[②]那么便有 100 篇论文进入本书的研究视野,作为考察企业民间融资法律问题研究的客观基础与现实基点。

(一)高被引论文的发表时间

由图 2 可见,高被引论文主要发表于 2000 ~ 2013 年间。自 2001 年之后,呈动荡增长的趋势,并于 2005 年达到顶峰 16 篇。2006 年开始又逐渐减少,并于 2013 年回落至 1 篇。可能的原因有

---

① 参见苏力:《也许正在发生:转型中的法学》,法律出版社 2004 年版,第 39 页。

② 参见胡戎恩、赵兴洪:《天使抑或魔鬼:民间金融实证研究与立法》,北京大学出版社 2014 年版,第 57 页。

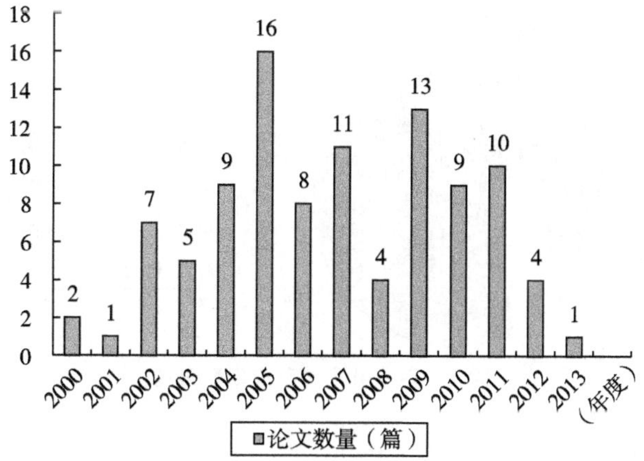

图 2　高被引论文发表时间

二:一是 2003 年后诸多民间借贷大案频发,如 2003 年的孙大午非法吸收公众存款案、2007 年的吴英集资诈骗案等。案件的复杂性和争议性吸引了学界的关注和研究的跟进,因而诸多有分量并被广泛引用的论文集中在这一时期出现。二是受期刊收录和数据更新滞后的影响,近两年新发表的论文,如 2012 年、2013 年尚未被广泛援引,或者引用的论文尚未被收录,这一时期的相关论文数据较少。这些都是造成高被引论文数量呈低开高走再下降趋势的可能性原因。

（二）高被引论文研究集群的分布

除了时间分布的不均衡外,高被引论文在不同学科和研究领域的分布差别更大。由图 3 可见,100 篇高被引论文发表在经济管理类专业期刊上的有 74 篇,占总数量的 74%;在综合性学术期刊上刊出的有 19 篇,占总数量的 19%;在法学类专业期刊发表的只有 2 篇,仅占到总数的 2%。发表于其他类期刊的有 5 篇,约占 5%。具

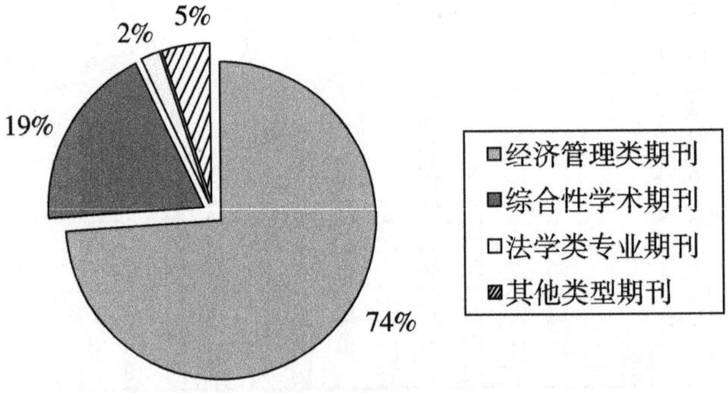

图3　高被引论文研究集群分布

体而言，高被引论文所发表的法学期刊有《中国法学》和《天津法学》；综合类学报有《江西财经大学学报》《广东金融学院学报》《西南政法大学学报》《东北师范大学学报》《江汉论坛》等19种刊物；发表在经济管理类上的则相对集中，其中发表在《金融理论与实践》4篇、《上海金融》4篇、《金融研究》3篇、《中国金融》3篇、《企业经济》3篇、《特区经济》3篇、《商业研究》2篇、《财经问题研究》2篇、《南方经济》2篇，其他48种经管类期刊各1篇。

综观这些论文可以发现，一般发表在高影响因子刊物上的论文较为被学界认可，关注度较高，引用的概率也较大，引用次数也越多，即引用次数一般与期刊的复合影响因子成比例。例如，引用率在全部文章中排名第一的论文《民间金融与中小企业发展：对温州的实证分析》发表在经济学权威期刊《经济研究》上，其刊物的复合影响因子为9.55①。法学引用率排名第一的文章《中小企业融资问题的法律研究》，则发表于法学权威期刊《中国法学》，其复合影响因子为

① 郭斌、刘曼路：《民间金融与中小企业发展：对温州的实证分析》，载《经济研究》2002年第10期。

6.023。[1] 当然，这并不绝对，也有一些被引用次数较多的论文，其发表的刊物影响因子并不是很高。

(三)作者学科背景与发表期刊

表 1　作者学科背景与发表期刊

单位：%

			期刊类型			
			法学期刊	经管期刊	综合期刊	其他刊物
作者背景	法学背景	计数	2	3	6	0
		行百分比	18.18	27.27	54.55	0
		列百分比	100	14.05	31.58	0
		总百分比	2	3	6	0
	经管背景	计数	0	66	13	0
		行百分比	0	83.54	16.46	0
		列百分比	0	89.19	68.42	0
		总百分比	0	66	13	0
	其他背景	计数	0	5	0	5
		行百分比	0	50	0	50
		列百分比	0	6.76	0	100
		总百分比	0	5	0	5
	合计	计数	2	74	0	5
		行百分比	2	74	19	5
		列百分比	100	100	100	100
		总百分比	2	74	19	5

与图 3 相比，表 1 进一步细化了具有不同学科背景的学者在不同种类期刊上所发表的高被引论文情况：具有法学学科背景的研究者的论文，18.18% 发表在法学专业期刊上，27.27% 发表在经管类专业期刊上，54.55% 发表在综合性学术期刊上。而具有经管类学

① 杨林瑞、尹良培：《中小企业融资问题的法律研究》，载《中国法学》2003 年第 3 期。

科背景的研究者的论文83.54%发表在经管类专业期刊上，16.46%发表在综合性杂志上，没有在法学专业期刊上发表过相关论文。具有其他专业背景如社会学、外语学等的学者以及银行等实务部门的人员共在经管类专业期刊和其他杂志上贡献了10篇高被引论文。以上数据反映出两个问题：

第一，关于中小企业民间融资的研究，主要集中于经管学科和法学学科，且以经管学科为主导。一般而言，发表在本学科专业权威杂志上的论文，更易受到同行的关注。且专业权威杂志由同行评审，更可能保证论文的学术质量。因而从这个意义上讲，经管类学者以近84%的专业杂志发表量表明，经管类学者目前对这一命题的研究数量众多，质量上乘，同时表明这也是其学界的主流研究课题。其中，学者吴敬琏、林毅夫、张建军等推出了诸多代表性成果，奠定了中小企业融资的研究框架。他们主要关注中小企业民间融资难的生成逻辑和体制动因，政府对民间融资采取的政策建议等内容。这些成果以经济学研究范式，较为深入地探讨了中小企业融资难的问题，但较少涉及法制层面考量中小企业的融资环境、政策法规与中小企业融资的关系。

第二，法学界的研究无论就数量还是质量而言，都尚不充分，还有较大提升空间。法学界学者在法学、经管、综合性杂志上贡献了11篇高被引论文。其中经济法学者杨林瑞就在《中国法学》《辽宁大学学报》上发表了两篇文章，被引用次数分别为86和16，位居第7位和第90位。

法学界对民间融资的研究更侧重于微观领域，如非法集资的法律规制、利率的合法化界限以及金融法制化的路径等问题。代表学者有高晋康、岳彩申、李有星、吴弘等，并出现了一些扛鼎之作。高晋康在《民间金融法制化的界限与路径选择》一文中重新审视了民间金融“合法化”的提法，设计了民间金融法制化的具体框架；岳彩申的《民间借贷规制的重点及立法建议》和李有星的《论〈放贷人条例〉制定的难点及其解决》则从细化的角度，对民间融资的规制模式、利率监管等问题阐述了观点。此外，吴志攀、彭冰、冯果等学者就融资的法治环境等问题也有相关阐述。需要指出的是，从宏观角度，在民间融资的整体框架下，将中小企业与民间融资法律问题相结合的系统性研究在法学界仍非常少见。

（四）高被引论文的研究主旨

中小企业民间融资的研究不仅跨越多个学科，而且内容广泛，要对其进行恰当分类并不容易。既要探讨考察研究成果本身，又要兼顾与主题的相关性，还要凸显学者的研究重点和研究特色。因而本书基于100篇高被引论文的主要内容、关键词及主题，同时兼顾学者的研究背景，对其进行如下划分：

表2　高被引论文的研究主旨

		频率百分比	有效百分比	累积百分比
研究主旨	中小企业融资难与解决路径	27%	27%	27%
	民间金融法律规制	10%	10%	37%
	民间金融与中小企业融资	8%	8%	45%
	金融体系与中小企业融资	9%	9%	54%
	民间融资理论问题	10%	10%	64%
	各地区中小企业民间融资的个案考察	10%	10%	74%
	金融机构与中小企业融资	7%	7%	81%
	其他	19%	19%	100%

如表 2 所示，笔者根据学者的研究成果，大致将中小企业民间融资研究成果分为 8 种类别。其中民间融资理论问题约为 10%，其他实践性问题约为 90%，尤其以中小企业融资难与解决路径、民间金融法律规制、各地区中小企业民间融资的个案考察这三个议题数量最多，约占所有成果的 50%。这三个方面之所以成为学者们关注的重点，绝非偶然。从这些内容入手，有利于论证中小企业融资的紧迫性与民间金融存在的正当性和合理性，有利于阐明民间融资与中小企业发展的共存性。这一研究进路也表明民间金融主要存在于小微经济，更突出了其“草根金融”“民生金融”的本质特性。

具体而言，就“中小企业融资难与解决路径”这一问题，学者们或通过中美中小企业融资结构的比对，[①]或通过中国现有资金管理体制的分析，认为信息不对称导致逆向选择，是中小企业融资难的一个重要原因[②]；也有学者认为金融抑制是造成中小企业融资困境的根本原因。在建设资金缺乏的现实中，政府虽然采取诸如信贷配给的办法来分配有限的社会资本，消除借贷资金的需求缺口，但事实上，可贷资金常常被分配给银行所熟悉、政府所偏好的大型企业，而新创办的、风险较高的中小企业往往得不到贷款；[③]还有学者基于制度经济学的分析视角与方法，认为现行金融制度的供给不足是造

① 黄亮、付伟、倪克勤：《逆向选择与信用配给：中小企业融资难根源分析》，载《中央财经大学学报》2005 年第 1 期。

② 陆岷峰、张惠：《中小企业融资与民间资金对接渠道建设研究——基于民间融资资金管理体制的分析与管理》，载《江西财经大学学报》2011 年第 1 期。

③ 参见谢启标：《破解我国中小企业融资瓶颈问题的对策探讨》，载《金融论坛》2005 年第 9 期；张亚兰：《中小企业融资难的原因及解决途径》，载《经济问题》2004 年第 5 期。

成我国中小企业融资难的直接原因。①

基于这样的现状,学者们一致认为民间金融是解决中小企业融资难的关键,肯定了民间融资对中小企业发展的积极作用和贡献。并细化了操作路径:大力发展与中小企业相匹配的中小金融机构,以冰释信息不对称所带来的融资困境;通过立法来引导和规范民间金融活动,拓宽中小企业民间融资渠道,同时强化政府调控职能,提高融资市场的透明度。②

关于"民间金融法律规制"的研究,学界主要关注民间金融的"法律规制""法律监管""合法化、正规化"等主题。学者认为民间金融发展到一定阶段就会融入正规金融体系中。但并不是所有的民间金融都会发展为正规金融,其中有纯粹自发形成的民间金融和接近于正规金融的民间金融之分。需要正规化纳入国家监管体系的是后者,而前者受当事人意义自治支配,由民法调整即可。③ 还有学者认为企业非法集资行为屡禁不止,规避法律的现象大量存在,④"因民间借贷引起的纠纷也不断加剧,产生了诸多社会问题",⑤因而倡导通过专门的立法,区分"灰色金融"与"黑色金融",确定有利

① 朱峻宏:《民间借贷:中小企业融资难问题的有效解决途径——基于制度经济学的分析》,载《商场现代化》2010年第21期。

② 参见谢启标:《破解我国中小企业融资瓶颈问题的对策探讨》,载《金融论坛》2005年第9期;肖顺武:《刍议中小企业融资难的原因及法律对策》,载《西南政法大学学报》2010年第3期;王燕霞:《民间融资规范化探析》,载《天津法学》2011年第3期。

③ 参见傅雅莉:《民间金融法制化的界定》,载《经济导刊》2012年第3期;刘操:《我国民间借贷监管法律问题研究》,载《南方论刊》2011年第5期。

④ 甘琪:《中小企业民间融资存在的问题及其法律规制——以珠三角为例》,载《湖南人文科技学院学报》2011年第1期。

⑤ 蔡宏伟:《我国民间借贷规制法律问题研究》,载《南京理工大学学报》2015年第3期。

于经济秩序发展的民间金融合法地位，界定合法民间融资与非法吸收公众存款、非法集资的界限。

民间融资本质上属于实践问题，但其问题的解决与考察离不开理论的支撑和指导，学界对融资相关理论的研究也颇为深入，并对以下问题给予了回应。例如，什么是民间融资？民间融资与其他企业融资的区别是什么？在现有的制度安排下，外源性融资的借方和贷方市场关系如何？民间融资的发展规律为何？新常态下融资结构和融资安排是怎样的？[①] 如何结合实践进行调整？这些都是基础理论问题。学者们或是从静态筹资次序或是从动态趋势方面考察了中小企业的融资需求，对民间金融与正式金融、官办金融、民营金融之间的差异、民间金融市场的发展原因、融资成本对中小企业融资的影响等问题进行了详尽阐述。[②] 与"民间金融法律规制"的研究相比，理论领域的研究更强调从民间金融本身问题出发，因此其对民间金融和机构为何存在且生生不息的追问，就更具有本源性和内在性。

民间融资以"地缘、血缘、亲缘"关系为基础，具有浓重的地域法律文化特性，因此学界的研究也不可避免地带有某种地域性质。在100篇高被引论文中就有10篇文章是对温州、晋江、珠海、济南等地企业融资的个案考察，其中对温州金融样本的研究有7篇，占到高被引论文的70%，对晋江、珠海、济南样本的研究各1篇，各占到总量的10%。浙江作为中国经济最为发达的地区之一，也是民间融

① 刘新华、线文：《我国中小企业融资理论述评》，载《经济学家》2005年第2期。

② 郭斌、刘曼路：《民间金融与中小企业发展：对温州的实证分析》，载《经济研究》2002年第10期。

资最为活跃的地域，因而研究这一地区的论文成为高被引论文，实属情理之中。学者运用乡野实证法或案例分析法，对温州市进行个案研究，证明了民间金融与正规金融具有显著的协同性关系，认为在新时期和新常态下，实现协同关系的良性发展，民间金融就必须向组织化、正规金融形态转化，并在建立健全民营中小企业信用体系与信用担保体系等基础上，加大民间金融的创新。①

除了以上四类，其他四类主题的研究成果相对较少，且内容多偏向于微观或中观领域，侧重于从某个角度来阐述民间金融与中小企业融资问题或民间融资的具体法律问题。如融资利率、非法集资罪、民间金融纠纷的解决机制、《中小企业促进法》的实施等。这些议题与主流研究成果相比，数量较少，角度较新，有待于进一步挖掘和提升。

三、现状反思与可能进路

走笔至此，通过前面的实证数据与理论分析，笔者已对近 30 年来中国中小企业民间融资法律问题的研究进程及趋势进行了较细致地考察，并得出了若干具体结论。这种微观分析法实为研究所必需，而跳出具体结构，“把考察对象当作一种体系，考察一个整体的各部分之间的互相关系，而不是孤立地研究各个部分”，对研究的开展与深化更为重要。

综合来看，目前学界的研究呈现如下特点：重要理论问题已厘

① 蒲祖河：《温州民间金融与民营中小企业协同演进的动态分析》，载《企业经济》2003 年第 5 期；杨福明、黄筱伟：《非正规金融与正规金融协同性的实证分析：温州案例》，载《上海金融》2009 年第 4 期。

清并达成共识，如民间融资的形式，法律规制的路径、立法模式等；研究触角从传统的发达国家中小企业开始转向发展中国家，尤其重视对中国本土的分析，并涌现出诸多作品；成果多集中于宏观经济学领域，法学视域内系统的专题性研究，较为少见；研究趋势紧跟融资实践，在孙大午案、吴英案等大案发生后，学者们热议其中的法律缺陷和影响，并尝试构建民间融资的法制框架。

这些作品就研究路径、研究方法、研究框架而言，都已相当成熟与深入。但也存在诸多问题，至少尚有以下领域处于研究薄弱甚或"失语"状态：论证侧重于法规的外源性角度，强调政府对民间融资的监管，而忽略了中小企业内生性的融资需求与法律的互动机制；立论角度多停留于立法层面，视而不见司法领域中民间融资案件审理的诸多桎梏、不同地域法律文化因素的影响；考量视角、研究方法单一，不同学科各自为政，缺乏学科对话与合作，联动考察机制匮乏。这些理论已经严重滞后于融资实践的发展，远远无法满足现实对先行理论的诉求。

改变学界已有的研究框架和具体模式，就应以开放的心态挖掘研究的盲点和不足，采取多维视角，对企业融资法律问题进行深入地语境式理解。具体而言，新研究路径的构建，需要特别注重以下内容的平衡：

（一）外源性视角与内生性需求互动

中小企业作为国民经济稳定发展的生力军，其发挥的巨大作用已为历史和现实所认可。据统计，2014 年"我国中小企业提供了 50% 以上的税收，创造了 60% 以上的国内生产总值，完成了 70% 以上的发明专利，提供了 80% 以上的城镇就业岗位，占企业总数的

99%以上”。[①] 而与此相悖的是，中小企业从国有银行所得到的资金支持却令人结舌。“截至2008年年底全国共发放贷款125181.65亿元，其中中小企业的贷款金额仅占30%左右”。[②] 因此，民间融资便成为中小企业维持和扩大生产经营主要的资金渠道。

然而目前现状，无论是就融资数据还是法律支撑而言，中小企业都处于“强位弱势”的境地，其对国民经济的贡献与法律对其的保障并不相称，已有的制度安排并不能满足其发展需求。只有从中小企业的特质性和融资的内生性出发，给予其合法合理、应有而未有的法律补偿，并不断调试法律对其的适用性，才能根本解决中小企业的融资难题[③]。

遵循这一思路，学界的研究路径应尝试做些转变：价值取向应由传统的单一维护国家垄断地位，控制金融秩序转为优化融资体系，实现资源配置公平；研究触角由一边倒的法律监管、法律规制的外源性改为剖析企业需求，实现法律制度和司法配套支持的内生性视角。同时鉴于中小企业民间融资法律问题研究的复杂性，可考虑以具体问题为导向，从如下三个维度，以内生性视角重新审视。

第一，中小企业商事性融资和民事性融资行为性质的厘清。企业融资来源的多样化导致了融资行为的多层次性和复杂性，厘清企

① 蔡宏伟：《我国民间借贷规制法律问题研究》，载《南京理工大学学报》2015年第3期。

② 孔德兰：《中小企业融资结构与融资策略研究》，中国财政经济出版社2009年版，第158页。

③ 李婧：《论中国中小企业非正规融资法律补偿机制的构建》，载《南通大学学报》2012年第5期。

业融资行为的性质，对界定中小企业融资行为的性质，厘清相应的法律责任，设计专门融资法意义重大，也是选择民间融资立法路径的前提。笔者建议，可尝试以此为导向，对70多部规范中涉及的违法、犯罪行为进行逐条剖析，以解析民间融资的行政违法以及犯罪在立法上不同的构成要件及冲突的解决对策。

第二，中小企业民间融资中违法行为及相关法律条款的剖析。在专门融资法缺位的框架下，我国法律体系中涉及民间融资的法律有6部，行政法规、规章及相关的司法解释70多部。诸多层次的规范，存在多处矛盾及立法空白。[①] 如《商业银行法》第81条及《刑法》第176条规定了“非法吸收公众存款罪”，但何为公众？何为公开宣传？借款给本企业的职工及亲友，算不算公众？口口相传式借贷是否属于公开宣传？融入资金的对象是否应该作为入罪的充分条件？学界存在很大分歧。这些问题可考虑从法条的规范分析入手，对70多部法律法规中涉及的违法、犯罪行为进行逐条剖析，以解析民间融资的行政违法以及犯罪在司法实践中不同的构成要件及冲突的解决对策。

第三，中小企业民间融资区域性差异的考量。现有的学术成果经常忽略各地的融资习惯、民间规则对企业融资的影响，也很少关注地方立法对融资差异的回应和调适。但现实中民间融资确是以“地缘、血缘、亲缘”关系为基础而存在，具有浓重的地域法律文化特性。在有民间信用传统的地区如浙江和福建等地，人们基于各种亲属邻居等关系纽带，建立了深厚复杂的信任机制，乐于对企业提供

① 李婧：《论中国中小企业非正规融资法律补偿机制的构建》，载《南通大学学报》2012年第5期。

资本支持,企业的融资渠道也因此畅通。而在经济欠发达的西部地区,由于缺乏借贷习俗和舆论信任机制,民间融资行为并不频繁,数额较少,企业融资较为困难。因而,剖析如何实现不同地区融资的均衡化和公平化,如何通过法律机制促进民间融资的和谐发展,国家的融资专门法如何在不同地域实施,融资地方法如何因地制宜、与时俱进地进行制定与修改,也是值得学界深入拓展的一个命题。

(二)融资法制化与司法法治化并进

"徒法不足以自行",诸多学者对民间融资立法倾注了较多的关注,而司法领域中相关问题的研究尚未得到足够的重视。在100篇高被引论文中,涉及中小企业民间融资司法问题的有3篇,主要为利率纠纷及非法集资罪的认定等内容,仅占全部论文的3%。同时,从作者结构也可以看出司法人员的参与性较低。在100篇论文中,82%是由高等院校的教师和研究人员完成,数量上具有决定性优势。银行等实务机构的研究人员发表了12篇,占总量的12%。民间研究机构和司法机关的研究人员发表的论文分别为4篇和2篇,只占到总数极其微小的4%和2%的比例。可见,无论从研究成果还是人员构成来看,司法界对这一议题的贡献值都较小,学界与司法界尚未形成研究的合力,学界自身也尚未做到立法研究与司法研究的并进。

如果单纯以法律制度为素材进行规范性研究,视野局限于立法体系来探讨中小企业的民间融资问题,会使研究陷入一种仅对条文进行笼统和间接地阐释。而司法者通过司法实践所形成的规则网络和法律原则,可以为我们展示这一视角下研究问题的更多的可能性和路径。[1] 司法者作为案件的直接接触者，与学界研究者相比，在获取案例数据、开展调研等方面具有职业优势，且较易利用已有的研究素材判断民间融资案例的整体情况、发展态势及法律实施的具体状况，其应该借助这种优势参与到这一实践性命题中。

实现司法界与学界研究的合力，笔者认为可以从两个方面进行尝试：

第一，共同设立研究基地或中心，以固定合作的方式对中小企业民间融资问题进行法学探究。在此种研究机构中，司法人员以特聘研究员的身份参与其间，为研究提供实践经验和调研条件，学者则以充分的科研时间与前沿的理论素养提供人力资源和资金保障。目前国内已有此类的尝试。如 2011 年成立的西南财经大学中国金融法研究中心，2012 年成立的温州市金融研究院、2013 年成立的厦门大学民间金融研究中心等。这些机构皆由跨学科、跨学校、跨领域的学术界和实务界人士组成，对推动民间融资问题的理论和应用性研究，金融司法与立法的互动机制作出了有益探索。

第二，通过学术会议或定期研讨等形式开展机动、灵活地合作。拘囿现实，在不具备固定合作条件的情况下，司法界也可通过学术会议或联合培训班、研讨班的方式，集中参与中小企业民间融资的研究。目前高校和研究院等机构的科研经费都较为充裕，也经常开展各种学术交流活动，可邀请检察院、法院及金融机构的实务人士参与，从不同视角和研究经历共同交流，并可将会议论文集结出版，扩大学术影响，增强实务界人员对学术研究的贡献。近年此类会议

① 蔡晓荣：《中国近代民法史研究的可能进路》，载《比较法研究》2011 年第 5 期。

也经常举办，如2010年11月浙江省法学会金融法学研究会开展的“以民间融资引导与规范研讨”，2014年12月西南财经大学中国金融法研究中心举办的“第四届中国民间金融规范化发展论坛”，都分别邀请了法院、检察院、国务院发展研究中心及多所高校研究人员共同参与，以“民间金融规范化发展”为题展开深入研讨。但总体而言，目前司法人员的参会比例还不是很高，且所提交的论文数量和质量有待进一步提升。

（三）实证分析法与历史分析法兼用

中小企业民间融资问题的复杂性和多面性，决定了法学研究应在与各学科互动互补的基础上，广泛包容、积极接纳异于自身的研究优势，合并发力、协同考量，才能事半功倍。具体而言，应注重实证分析法与历史分析法的法理适用和模型构建。

第一，实证分析法的适用。实证分析法是按照一定程序规范对一切可进行标准化处理的法律信息进行经验研究、量化分析的研究方法，也是借助实证分析改造法学传统研究模式的一种方式。[①] 它通过分析揭示法律制度的经济成因，从而在政策层面上指导法律体系的确立与运行，特别是对金融法中具体问题的量化分析具有不可替代的作用。

然而，在如今的法学研究中，与常见的规范分析相比，法律实证分析在我国尚未成为一个相对独立的研究领域，大多数研究没有采用。在前文所引100篇论文中，仅有7篇采用了实证分析法对企业融资进行考察，且都集中在经管学领域，法学论文无一涉及。实证

① 白建军：《论法律实证分析》，载《中国法学》2000年第4期。

研究法强调资料的第一手性，强调研究者对民间融资的亲历性。民间融资具有一定的地下性和隐蔽性，如果不通过研究者的田野调查、问卷访谈等手段，很难摸清真实的融资数据和运作规律，而在此基础上所做的学术研究也难免出现偏差和重复。况且仅仅满足于在书房里提出一些大而化之、笼统概括的所谓对策、建议、结论，其客观性、有效性也会受到质疑。

因此只有坚持亲身调研、实证分析，坚持所收集的融资素材和数据是从"民间而来"，研究成果才可能"到民间中去"，真正为企业民间融资与法律建设提供智力支持和良策建议。同时为促进研究的深入和可持续发展，创建全国乃至全世界具有影响力的融资法治实证调查研究数据库、国际比较融资立法政策资料数据库、融资案例资源库等工作也迫在眉睫。这些工程的启动与完善更离不开实证分析法。

第二，历史分析法的重启。"在社会科学问题上有一种最可靠的方法……那就是不要忘记基本的历史联系，考察每个问题都要看某种现象在历史上怎样产生、在发展中经过了哪些主要阶段，并根据它的这种发展去考察这一事物现在是怎样的。"[①]历史分析法本质上是以实证的方式，对制度的历史合理性进行论证，强调资料的真实可靠和规律的总结借鉴。其作为社科研究中较为普遍而又缺乏个性的研究方法，如今已不为提倡创新的学界所关注。但其对于深入分析现存体系的合理性、已有制度与现今设计的传承性与借鉴性，具有恒久的价值和指导意义。

① 《列宁选集》(第4卷)，人民出版社1995年版，第26页。

将企业民间融资问题置于历史分析法的框架下，可以窥见有诸多疑问尚待学者破解。民间融资尤其民间信贷，我国古已有之，在千百年的演进历程中，形成了放贷计息、信用建设等行业规则。民国时期民间融资体系为何？行业信用资质如何保障？对同属“二元社会秩序”中的当代中国，如何借鉴历史经验，面对民间融资的负面影响，平衡社会规则的冲突和秩序模式？中华人民共和国成立以后，我国融资政策与规则，根据经济形势进行了怎样的变革？其背后的经济结构和规则制度之间有着怎样的微妙互动？在制度设计的价值取向和实施效果有何差异？学界经过30多年的研究，已有理论与融资实践的切合曲线为何？其对融资制度设计起到了怎样的作用？改革开放后民间金融组织有何变化？以上历史问题的探究与解决，经验的累积与教训的汲取，对于当今融资政策立法和实践动作都有积极的借鉴作用。同时如何回应这些问题，也是学界继续努力的方向。

（四）法学、经济学学科的交叉协同

由前文的分析可见，目前学界对中小企业民间融资的研究主要分属于经济学学科与法学学科，两者各自为政，对话交流甚少。尽管有些经济学学者的论文涉及企业融资法律风险、融资法律困境、倡导民间融资法制化等问题，但总体而言，其对法律问题的研究还不深入透彻，有些理念和建议甚为模糊。同时，法学学者对企业融资这一传统金融议题中的数据实证、研究方法等也不擅长。其进行的研究主要拘于自己狭窄的“专业”领域，探讨融资监管、法律规制、相关金融犯罪等问题，较少从民间融资整体视野，审视其与企业融资的关系和法律问题。同时法学学者之间也缺少整合，多根据自身的学术兴趣进行独立研究。这种“小切口，深挖掘”的模式当然有利于研究的深入，但在民间融资基本法律政策尚未明晰，诸多重大疑难问题亟待解决的现实下，此种精耕细作的研究模式也有诸多弊端。因此，打破学科壁垒，实现学科良性合作势在必行，具体而言，可从以下方面着手：

第一，以法律经济学的统一视角，组建复合团队进行共同研究。两个学科的学者应摒弃各自坚守的“专业领域”，以具体课题为导向，取长补短，组建由理论经济学、应用经济学、管理学、经济法、金融法等学者有机构建的团队，将经济学的理论和经验主义方法全面运用于法律制度分析，并对特定的法律安排的社会价值作出评价。真正做到研究方法、研究框架、思路分析等你中有我，我中有你，优势互补，实现共赢。

第二，更新学科培养模式，造就领域复合型人才。为促使民间金融法律问题的研究实现可持续的发展，就要致力于人才的培养。我国本科现有的通才培养模式已不能满足现实对金融法制人才的需求，可尝试新人才培养机制。如学习美国耶鲁大学的“通识教育 + 专业教育”的育人理念，培养拥有法律、金融财会、数理统计等复合型知识结构人才，适应新常态下金融理论与应用对人才的诉求。

第一章　中小企业民间融资法律补偿机制的理论阐释

中小企业准入门槛相对较低，创办速度快，数量众多，遍布于各行各业，作为民营经济的主力军，为社会提供了大量的就业机会、构造了全民创业的主要平台，成为推动科技创新和促进经济增长的重要力量。因此，如何准确界定中小企业是政府决策部门和理论界共同关注的重要问题。中小企业的界定标准与国家中小企业政策紧密相关，涉及每个中小企业业主的自身利益和中小企业的整体顺利发展。同时，中小企业的界定是研究中小企业民间融资的逻辑基础。只有科学界定中小企业的法律定位，民间融资的逻辑轨迹，中小企业民间融资的历史嬗变，才能做出符合实践标准的结论。

第一节 民间融资的理论阐释

一、民间融资的概念

"民家融资"也称"民间金融",颇具中国特色。一方面,西方学界仅有"正规金融"(formal finance)和"非正规金融"(informal finance)之区分,没有"民间融资"一说。另一方面,由于金融体制、所有制等方面的巨大差异,国外学界所称的"非正规金融"与我国的"民间融资"在内涵和外延上并非一致,并且国内学者对"民间融资"概念的认识也不统一。

国外普遍将民间融资定义为在政府批准并进行监管的金融活动(正规金融)之外所存在的游离于现行制度法规边缘的金融行为,也就是非正规金融(informal finance)。德国的 Heiko Schrader 认为,金融市场(而非机构)如果掌握在国家信用体系和相关金融法规控制之下,就是正规金融,反之则为非正规金融。[①] Kropp 等认为,对正规金融机构而言,国家或政府通常会建立中央银行来进行调控,而那些在此调控以外的金融市场则被定义为非正规金融。[②] Anders Isaksson 认为,非正规金融部门就是某些经济部门的金融活动没有受到国家的官方监管和控制。[③] 世界银行则认为,非正规金融可以

① Heiko Schrader, "Informal Finance and Intermediation", Working Paper, No. 252, UB& SDRC, Germany, ISSN. 1936 – 3408.

② Kropp E., et al., "Linking Self – help Groups and Banks in Developing Countries", Eschborn: GTZ – VERLAG, 1989.

③ Anders Isaksson, "The Importance of Informal Finance in Kenyan Manufacturing", SIN Working Paper Series, 2002(5).

被定义为那些没有被中央银行监管当局所控制的金融活动，即在发展中国家，那些为非法人部门（如小农户、生产者、零售商等）提供贷款的专业放款人，如典当商、商人等，就是非正式金融。① 中国人民银行认为，民间融资是相对于国家依法批准设立的金融机构的资金往来而言的，泛指非金融机构的自然人、企业以及其他经济主体（财政除外）之间以货币资金为标的的价值转移及本息支付。②

国内学界对民间融资的定义也尚无统一、清晰的界定，不同学者从不同角度对其概念提出了不同的看法。中国人民银行广州分行课题组对广东境内的民间借贷问题进行了大规模、细致的调查研究，认为民间金融是一种跨时私人契约，提出了促进民间金融合法经营和提高正规金融服务的若干政策建议。③ 姜旭朝认为，凡没有经过国家工商行政部门注册登记的各种金融组织形式、金融行为、金融市场和金融主体都属于民间金融范畴，它更多的是自下而上发起的对于主流金融压制的补缺，带有很强的合作互助动机。卢现祥指出民间融资是在正式金融制度供给缺乏的情况下，由市场主体自发形成的非正式制度，是现实金融环境不可或缺的组成部分。左柏云认为，“民间金融是指没有纳入正规金融监管系统的、与官方的正式金融相对的金融形式”④。这一概念强调了民间金融的民间性，将一切处于正式金融体制监管之外的金融形式都归于民间金融的

① World Bank. , Informal Financial Market s and Financial Intermediation in Four African countries. Finding：Africa Region, January 1997, No. 97.

② 黄孟复：《中国中小企业融资状况调查》，中国财政经济出版社 2010 年版，第 276 页。

③ 中国人民银行广州分行课题组：《从民间借贷到民营金融：产业组织与交易规则》，载《金融研究》2002 年第 10 期。

④ 左柏云：《民间金融问题研究》，载《金融观察》2007 年第 5 期。

范畴。黄家骅、谢瑞巧认为，“民间金融是指绕开官方的正式金融体系，而由个人、家庭、企业之间直接进行的金融交易活动”[①]胡德官指出，应从产权是否属于民间来界定民间金融的概念范畴，凡产权属于民间的资本即为民间金融，其他则为官方金融。[②] 史晋川等人认为，民间金融实际上是政府、金融机构和社会公众之间博弈的结果。[③] 朱德林、胡海鸥将民间金融分为“黑色金融”和“灰色金融”两种形式。“黑色金融”是指与市场经济发展不相适应，且为现行法律所禁止的金融形式，如非法集资、非法吸收公众存款等；“灰色金融”是指能够适应我国市场经济发展需求，为经济发展发挥推动作用，但尚处于国家法律体系之外的一种金融活动。

综上，学者对民间融资概念的界定虽各持己见，但相一致的是普遍认同民间融资是一种与正规金融相对应，处于政府管制之外的，以营利为目的的融资活动。有所区别的是，民间融资是否包含非法的融资形式。一般来讲，民间融资属于中性的资金融通行为，但由于选择的交易对象、交易目的和交易方式不同所导致的程序与手段存在差异，因此，民间融资包含合法和违法两种，只有符合法律规范的民间融资才是合法的、受保护的。

鉴于此，笔者认为，民间融资是民事主体之间的一种资金融通行为，指出资人与受资人在国家法定金融机构之外，以取得高额利息与资金使用权为目的，与此同时，支付约定利息而采用如民间借

① 黄家骅、谢瑞巧：《台湾民间金融的发展与演变》，载《财贸经济》2008 年第 3 期。

② 胡德官、陈时兴：《我国民间金融研究》，载 http://lib.zjdx.gov.cn/zdnews/view.asp? id = 537，最后访问日期：2014 年 12 月 2 日。

③ 史晋川：《金融与发展：区域经济视角的研究》，浙江大学出版社 2010 年版，第 12 页。

贷、民间票据融资、民间有价证券融资和社会集资等形式暂时改变资金使用权的金融行为，泛指非金融机构的自然人、企业及其他经济主体（财政除外）之间以货币资金为标的的价值转移及本息支付。正常的企业间商业信用不在民间融资范畴之内，但如果商业信用时间超出合同约定时间并收取利息或其他报酬，同样会被纳入民间融资范畴。民间融资游离在国家宏观调控与金融监管之外，不在官方的统计报表披露范畴，也不受金融法律保护。[①] 民间金融存在和发展的基础是非制度信任，内容包括民间借贷、民间互助会和地下钱庄等，由于这些金融行为通常是非法存在的，也称为地下金融。[②] 如果民间融资双方在不违反法律规定的前提下从事交易行为，享受一定的权利并履行相应的义务，那么这一行为就是符合法治精神的。

二、当前中国民间融资活动的主要形式

我国的民间融资由来已久，早在原始社会末期，就已产生类似于高利贷的融资形式，至奴隶、封建时期，高利贷已形成民间融资的基本形式。而到了公元前十世纪左右的周朝，政府设立专门的放款、收息机构“泉府”，用于民间融资。无独有偶，战国、秦汉、南北朝时期均有记载商人放高利贷、典当抵押的业务。而从唐朝伊始，逐渐出现了专门的铺子办理融资业务，如唐朝的“柜坊”，宋朝的“便钱务”，元朝的“解典铺”“银铺”，明朝的“钱庄”以及清朝的“票庄”

① 施林春、黄建飞：《我国非公经济融资困境与民间融资发展分析》，载《中国西部科技》2005 年第 18 期。

② 郭金刚、师国敏：《中小企业民间融资渠道分析》，载《特区经济》2009 年第 6 期。

等。1797年2月在天津开设的日升昌票庄是我国历史上第一家票庄，此后在天津经营皮毛、绸缎、杂货的山西商人纷纷成立票庄，天津成为票庄的发源地。票庄的业务也由汇兑逐渐发展经营存、放款业务，成为名副其实的民间金融业。

中华人民共和国成立后，国家对金融市场加以整顿，建立起以国有金融为主的金融体系。至此，短期资金市场、长期资金市场以及民间金融市场都有所恢复。尽管如此，金融市场却并未走向繁荣，受计划经济影响，原有市场力量渐微，此时民间融资形式单一，规模减小，呈萎缩状态。直至十一届三中全会之后，中央出台文件指出："允许农村和集体的资金自由地或有组织地流动，不受地区限制。"1985年又明确提出要"适当发展民间融资"。在此背景下，民间相互融通资金的活动便应运而生，各种融资形式不断出现，逐渐形成了独立于银行体系之外又不断对银行体系进行冲击的民间金融市场。2008年下半年，伴随全球金融危机转向实体经济，国内外需求萎靡，各厂商大幅度减产和裁员，而各大正规金融机构也为了防止风险，而都纷纷减小信贷规模，使许多中小企业更加难以从金融机构贷到资金，此时民间融资"正规化"的呼声也越来越响。

总体而言，以实现资金融通目的的手段来划分，当前我国民间融资活动主要有六种方式：

（一）民间直接借贷

民间直接借贷是民间融资最原始、最普遍的方式，具有自发、分散、一对一以及灵活方便等特征，其主要用途是解决家庭生活困难或用于小本经营，还有部分是用于企业资金周转临时急需。尽管这种借贷方式大多单笔金额较小，但由于分布行业、地域广，在民间融资中仍占有较大的总体规模。根据融资主体、用途、利率高低的不同，对民间直接借贷还可作进一步区分：

（1）根据借贷用途的不同，民间直接借贷可区分为生活性借贷和生产性借贷，前者一般发生于个人之间，主要是基于血缘、地缘或是朋友关系而发生；后者则一般发生于个人与企业、企业与企业之间，一般是为了生产周转的需要，其借贷周期有长有短，在一些特殊行业还存在较明显的季节性特点。（2）根据借贷主体的身份不同，民间直接借贷还可分为个人之间借贷、个人与企业之间借贷、企业之间借贷。（3）根据利率的高低，又可分为低利率的互助型借贷和高利率的牟利型借贷，后者在民间直接借贷中占有较大比重。

（二）标会等民间互助组织的融资

标会是我国民间信用借贷的一种常见组织，其前身为合会。所谓合会，又称钱会、赊会、认会、摊会、轮会、摇会等，起始时间大约在唐宋之间，是一种十分古老的民间信用融资方式。[①]

标会主要盛行于我国江浙、闽粤以及我国台湾地区，具有筹集资金和赚取利息的双重功能，通常建立在亲情、友情、乡情等血缘和地缘当前中国民间融资的主要特点现实的经济融资活动主要具备以下特征：参与主体的民间性；融资活动的非监管性；民间融资是为了满足企业的发展需求或者个人资金需要。[②] 除此之外，还有以下吸引人的优势。亲缘关系基础上，一般由发起人（称为“会首”）邀请若干人（称为“会员”）参加，约定时间按期举行，参与者每期缴纳

① 徐畅：《“合会”述论》，载《近代史研究》1998 年第 2 期。

② 张书清：《论民间融资法律制度的完善》，载《经济法论坛》（第 4 卷），群众出版社 2007 年版，第 224 ~ 225 页。

一定数量的会款，发起者通常可以优先无息使用首期总会款，其后每期总会款由会员通过竞标的方式，由承诺会款利息最高者取得。会员得标后，其他会员及会首必须交付会款，每人只能得标一次，轮完所有会员后，该次标会即告结束。

通过标会方式融资，具有很强的互助性质，无须提供抵押或担保，手续也较简便，为资金需求者提供了很大的便利。因此，标会在我国一些地区仍是民间融资的主要渠道。但是，标会的运行机制本身存在一些重大缺陷，如利率过高，会款用途不受限制，加上政府监管的缺失，使标会具有极高的风险。近些年来，我国很多地区发生了因标会会首卷款潜逃等原因导致的倒会事件，有的涉及金额高达数十亿元，这些事件严重损害了公民的合法财产利益，破坏了社会稳定，具有相当大的社会危害。因此，如何有效引导和规范标会，是监管部门面临的一项重要课题。

（三）典当融资

根据商务部、公安部于 2005 年联合颁布的《典当管理办法》第 3 条第 1 款的规定，典当是指当户将其动产、财产权利作为当物质押或者将其房地产作为当物抵押给典当行，交付一定比例费用，取得当金，并在约定期限内支付当金利息、偿还当金、赎回当物的行为。在我国，典当行业最早可以追溯至公元 4 世纪的南北朝时期，迄今已有 1600 多年的历史。我国当代的典当业恢复于 1987 年，此后发展至今，已经成为民间融资的常见手段之一。

典当融资方式的优势在于，它可以用动产作为抵押物，比银行贷款具有更大的灵活性；此外，从取得借款的时间和条件来看，典当行只要客户提交抵押物即可给予借款，典当行并不会过问客户借款的用途，对客户的信用也没有一定的要求，在借款期限上也能满足客户需求。因此，越来越多的中小企业和个人在遇到资金困难时，选择向典当行融资，我国的典当行业因此在近些年来取得了高速发展。

据商务部统计，2004 年我国典当金额累计不到 600 亿元，至 2005 年达到 700 亿元，2006 年超过 800 亿元。据上海市典当行业协会介绍，截至 2008 年年底，上海典当企业多达 135 家、营业网点 180 个，2008 年全年累计发放典当融资款 217 亿元，同比增长 67%，其中 60% 的典当业务是为小企业发放小额短期融资，这表明典当融资在很大程度上已经成为中小企业短期融资的重要渠道。

但与此同时，典当行也呈现出鱼龙混杂的局面。一方面，一些非法民间金融组织为了规避法律管制，以经营典当行为名非法从事吸存放贷等金融业务。另一方面，一些个人或单位在典当业高利润的吸引下，变相从事典当活动。如在广东省江门市发现有多达 100 余家单位以“房地产中介”或“服务部”为名变相经营典当业务，它们从居民手中获得亟待变现的汽车、房屋等财产，利息随意性极大。上述非法典当业务的存在严重扰乱了我国正常的金融秩序，亟须加强整治和管理。

（四）私募基金类融资

基金类融资是一种常见的融资方式，其中私募基金是目前我国民间融资的一个重要渠道。私募基金是相对于公募基金而提出的概念。私募基金指通过非公开方式面向少数机构投资者或个人投资者，以投资意向书（非公开的招募说明书）等形式募集的基金，它的销售和赎回都是基金管理人通过私下与投资者协商进行的，故私募基金又称为向特定对象募集的基金。

私募基金的认购者可享受大部分投资收益，但需承担所有投资风险，基金管理者不能承诺收益。私募基金具体包括以下两类：

1. 私募证券基金，即以证券市场为主要投资目标的私募基金，目前财经媒体经常使用的“私募基金”即指此类基金。在我国，私募证券基金萌芽于 1993 ~ 1995 年，当时证券公司的经营方向从经纪业务走向承销业务，为了拉拢大客户，逐渐形成了不规范的信托关系，大客户的委托投资大多发展为隐秘的一级市场基金，一些营业部利用自身优势在一级市场认购新股，从而取得较高的收益。

20 世纪 90 年代中期以后是我国私募基金的形成时期，2001 年的一项研究结果表明，当时我国已经存在数千家私募基金，其形式包括投资咨询、投资顾问、投资管理、财务管理及财务顾问五种类型，这些机构持有大量社会游资，主要投资于股票、债券，其资金总规模达到 2000 亿元左右，已超过公募基金的规模①。

2001 ~ 2005 年，以阳光私募基金的出现为标志，私募基金步入了逐步规范、调整阶段。阳光私募基金，是指借助信托公司发行的，经过监管机构备案，资金实现第三方银行托管，有定期业绩报告的投资于股票市场的基金。与此前的私募证券基金相比，阳光私募基金更为规范化、透明化，更能保证认购者的资金安全。2006 年以后，随着证券市场行情的好转，私募基金也重新活跃起来，其规模与年俱增，截至 2011 年 6 月达到了 6000 亿元以上；2011 年下半年以来，随着国内资本市场的迅速扩张，私募基金总规模更是高达 1 万

① 夏斌：《中国私募基金报告》，载《财经时报》2001 年第 7 期。

亿元以上。以2012年4月3日为例，沪深两市当日总市值已逾13万亿元，其中私募基金占了约8%①。

2. 私募股权基金(private equity fund, PEF)，即通过非公开方式，向特定的机构投资者或个人募集资金而设立投资基金，形成基金资产，交由基金托管人托管和基金管理人管理，基金管理人以“专家理财”方式，对非上市企业进行的权益性投资；投资者按照其出资份额分享投资收益，承担投资风险，在交易实施过程中附带考虑了将来的退出机制，即通过上市、并购或管理层回购等方式，出售持股获得。

在我国资本市场上，特别是进入21世纪后，私募股权基金发展迅速，已经成为仅次于银行贷款和通过公开上市募集资金(initial public offering, IPO)的重要手段。私募基金类融资方式具有很多其他民间融资所不具有的优势，如私募股权基金运转灵活且适应性强，既可解决企业融资困难，又能改善公司治理结构；私募证券基金具有灵活性、融合性和个性化的特点，为具有较高财力和风险承受力的投资者开辟了一条投资管道，并起到了融通资金的功能。

但是，相对于公募基金而言，目前我国对私募基金尤其是私募证券基金缺乏有效的监管，投资者的利益难以得到保障。此外，一些私募基金发起人采用保底收益或保底分成的手法吸引资金，还有的通过网站公告的方式进行募集活动，具有非法集资之嫌。

(五)融资租赁

根据中国人民银行于2000年颁布的《金融租赁公司管理办法》

① 《私募基金该不该正名》，载搜狐网：http://business.sohu.com/s2007/smjj/，最后访问日期：2015年5月7日。

的界定,融资租赁是指出租人根据承租人对出卖人、租赁物的选择,向出卖人购买租赁物件,提供给承租人使用,向承租人收取租金的交易。它以出租人保留租赁物的所有权和收取租金为条件,使承租人在租赁合同期内取得占有、使用和收益的权利。除了融资外,融资租赁还有刺激投资、促进销售、资产变现、理财和资产管理等多种功能。目前,在我国存在银监会监管的金融租赁公司、商务部外资司监管的中外合资租赁公司和商务部内资司监管的内资租赁公司,其中后两者不属于金融机构性质,故通过它们进行的融资租赁亦属民间融资范畴。

(六)通过民间借贷网络平台进行的融资

近年来,互联网的普及又催生了一种全新的民间融资形式,由于其发生在个人与个人之间(person to person),故简称为"P2P"。这种借贷方式的特点是依托互联网、借贷金额较小。P2P 模式最早起源于国外,具体借贷模式是资金需求者和有闲置资金的人通过网站提供的服务达成无抵押担保贷款协议。网站提供的服务包括贷前准入筛选、为借贷双方配对、实施信用监控和贷后风险管理等。在我国,第一家民间借贷网络平台是 2007 年 7 月于上海成立的拍拍贷,此后又陆续成立了宜信、红岭创投、人人贷、搜好贷等数十家民间借贷网络平台。这种模式的优势在于手续便捷、成本低廉;缺陷在于风险控制措施有限,存在较大的信用风险。

三、当前中国民间融资的特点

(一)融资范围广,受众群体大

自 2010 年起,国家货币政策由宽松转向稳健,银行信贷紧缩,正当企业和个人倍感资金掣肘时,民间融资如雨后春笋般涌现。以盐城为例,2011 年年末盐城市民间融资总规模约占全市贷款总量的 20% ,较 2010 年有较大幅度的增长,调查问卷显示,在资金运营紧张时,68% 的企业首选民间融资作为筹集资金的方式。其中 60% 的样本有民间借贷行为,其中农户借贷比率为 57% ,企业借贷比率为 51% ,个体工商户借贷比率达到 72% 。[①] 随着地方性金融机构的建立和企业内部融资的蔓延,民间融资这一地下金融活动规模越发壮大。

（二）手续完善,灵活简便

由于出资和借贷双方法律意识及风险意识日益凸显,促使民间融资的手续更加细化和周全。除了资金较少的交易仍使用口头协议的方式外,大部分的借款行为已由口头承诺形式转变为了契约形式,有担保人的还需有担保协议。民间融资手续的日益完善和简单快捷备受急需资金者青睐。调查显示,如果交易双方是同乡或者亲戚朋友的,当借方需要资金时,一般不需要手续,口头协议即可,有手续的也是简单载明借贷双方、日期、还款金额或利息的简要凭据。民间融资门槛较低,多以市场为导向,受利润驱动,对贷款人也没有苛刻的要求,尤其在急需资金时办理非常方便,这为民间融资的成长和规模化奠定了扎实的基础。

（三）期限灵活,利率弹性大

民间融资为了满足不同主体在各个时间段的需求,融资期限灵活,以不定期为主,利率高、弹性大。一方面,民间融资由于不受金

---

① 王晓勇:《当前稳健货币政策下民间融资的特点、问题及政策建议》,载《海南金融》2008 年第 6 期。

融政策的管制，法律法规的约束也较少，因此利率变动灵活，在一些地区，民间融资的利率和融资成本要明显高于当地银行。另一方面，不同行业和不同主体的借贷利率差别大。一般而言，融资利率与行业、地区发展情况、竞争程度负相关，在发展前景越好的行业融资利率相对较低，而在融资难度越大的行业融资利率就会越高。① 民间融资城镇利率高，乡村利率低。城镇借出利率年息一般在15%～30%，乡村借贷利率年息一般在10%～20%，年利率相差5%～10%；城镇民间融资金额大，乡村民间融资金额小。据朔州市调查，城镇单笔借贷金额最高为70万元，乡村民间借贷金额最高11万元，最低的才300元。城镇的融资双方操作比较规范，协议方式以书面居多，数额较大的需要实物抵押等，而乡村借贷多为互助性质，一般以口头承诺为主。

（四）融资主体多元化，用途多元化

随着民间融资规模的扩大，加之便民利民的优势显现，其融资主体也自然而然地有单一向多元发展，并且呈扩大趋势。民间融资所涉及的行业和用途广泛，融资主体包括个人之间、企业之间、个人与企业之间的融资，且出资人有工人、干部、工商个体户、企业等，参与民间融资的甚至还有金融机构的工作民间融资人员，涉及面较广。不仅有个体投资人、个体经营户、中小企业，还有需要资金购买汽车住房等耐用消费品的普通居民和进行季节性养殖种植的农户等。② 在融资用途中，以生产经营为主，生活消费为辅。企业筹集资

① 乌兰、张更庆：《我国民间融资的特点与风险分析》，载《北方经贸》2013年第9期。

② 焦乃洹：《试论民间融资的规范发展》，载《经济研究导刊》2012年第29期。

金用于弥补流动资金不足,满足企业生产发展,而个体户主要用于工商经营或者农业生产。

(五)融资活动专业化,融资行为理性化

民间融资在规模、门槛、方式上的绝对优势以及对经济的促进作用使得这一非正规金融逐渐由“地下”“浮出水面”,民间融资更加活跃,并且越发专业化,逐渐得到了社会大众的普遍认同,逐渐转向半公开或公开。一方面,民间融资活动的组织和协调日益呈现区域化与专业化的趋势,多项举措如发展民间借贷服务中心、成立民间资本管理公司等推动了民间融资走向阳光化、规范化。另一方面,民间融资主体的需求稳步增长的同时,其对信誉要求和预期风险也随之增加,融资行为的理性化在无形中形成了特定的融资市场准入标准。

在总结以上民间融资式样的基础上,可以看出我国民间融资的新趋势在于:第一,融资中介多样化。受融资市场的利润驱动,一大批以投资理财为名义的咨询中介迅速发展起来,包括相关机构、网络平台以及专门人员等,一些金融机构高层甚至利用自身身份和职务之便涉足民间借贷。第二,资金来源多元化。民间融资的资金来源不再局限于家庭富余资金,一部分银行信贷资金、企业自有资金也在流入民间融资市场。第三,融资链条复杂化。传统民间融资一般为借贷双方“点对点”直接交易,而目前已发展为“多对多”网状化经营模式,使传统相对分散、割裂、简单的民间融资链条,扩散为一张张纵横交错的、复杂的借贷网络。第四,资金流向隐蔽化。传统的民间融资双方是建立在相互联系、知悉的基础上的,目前的发展趋势看来,供求双方都已相互分离,企业或个人的贷款由中介运作之后投向市场,交易背景、债权关系、资金链条复杂且隐蔽。第五,资金运作功利化。传统民间融资主要作为一条融资途径,资金主要用于生产、生活,目前,民间融资演变成为融资、投资兼具的途径,资金拓展用于开展金融投资、贷款过桥、贵金属期货等投资性操作,急功近利"赚快钱"特征明显。

第二节　中小企业的理论阐释

一、中小企业的概念

企业是社会经济系统的最基本构成单位,而中小企业是其中规模最大的群体,国民经济发展与社会进步同中小企业这一群体的发展密不可分。无论在发达国家还是在新兴市场经济国家,中小企业都占据越来越重要的地位,这被称为"新发展现象"。[①] 在通往工业化和现代化的道路上,大力发展中小企业都曾是积聚实力的必由之路。不同国家、不同行业各经济发展阶段对中小企业的界定标准不一样,量化数值随着经济发展水平呈现动态变化。在地域、时间、行业等因素的影响下,对于大、中、小型企业的定义相对复杂,并没有专门、统一的标准,鉴于此,在界定中小企业的概念时,也只是笼统地概括为产营规模不大的企业。在学术研究和政策实践中,对中小企业的界定维度也是各持己见,员工数量、销售总额或是资产总额都可能成为其认定的标准。

① 杨小凯、张永生:《新兴古典经济学与超边际分析》,社会科学文献出版社 2003 年版。

无论是发达国家还是发展中国家，对大、中、小企业都有划分，只是因经济发展阶段、水平、状况以及各企业发展程度不同而有所区别。例如，美国、英国是采用定性和定量的双重标准来界定中小企业，而德国、意大利、日本则仅采用定量的标准。质的标准主要包括所有权、经营权的归属、企业融资方式、所处行业地位等，量的标准首要关注的是雇员人数，其次是年营业额等，因量的标准统计方便、包容性强、简单直观、利于比较，以至于采用双重标准的国家也只是以质的指标作为辅助。

美国的企业只分为大企业和小企业，凡是独立经营并在某一事业领域不占支配地位的企业就属于小企业，《美国中小企业法》规定为员工数量不超过 500 人的制造企业统称为小企业。法国中小企业的划分标准不仅体现在人数的限制上，还包括营业额的指标，一般来说，雇员不超过 500 人且不隶属于某一集团，并且营业额在 5000 法郎以下的经济实体则为中小企业。近年来根据经济形势调整为 1000 人以下的制造企业属于小企业。在日本，从业人员 300 人以下或资本额 3 亿日元以下的制造业，从业人员 100 人以下或资本额 1 亿日元以下的批发业，从业人员 50 人以下或资本额 5000 万日元以下的零售业，以及从业人员 100 人以下或资本额 5000 万日元以下的服务业为中小企业。[①] 通常，对中小企业量的界定有宽松和严格之分，这取决于该国对中小企业的政策扶持力度。例如，欧美地区对中小企业的扶持政策较为消极，因此界定宽松，而亚洲国家各政府积极介入中小企业的发展，优惠政策多，因此划分也较为严格。

---

① 焦富民、陈承堂：《中小企业发展法理——规范框架与实证分析》，社会科学文献出版社 2007 年版。

表 1－1　各国(地区)中小企业概念参照标准①

	A	B	C	D	E	F	G
美国	√			√	√		√
加拿大	√			√			
英国	√				√	√	
日本	√	√					
韩国	√		√				
新加坡	√		√				
菲律宾	√		√	√			
我国台湾地区	√	√		√			
我国香港特区	√						

注:A:雇员数量;B:实收资本额;C:资产总值;D:年营业额;E:所有权、经营权归属;F:融资方式;G:所在行业地位。

表 1－2　世界各国(地区)中小企业界定标准

	意大利	法国	丹麦	荷兰	日本	我国台湾地区	美国
雇员人数	500 人	500 人	100 人	250 人	工矿业、运输业:300 人 批发业:100 人 零售业:50 人	制造业、营运业、矿石及土石采取业:300 人 其他行业:100 人	制造业:500 人

① ［英］C. 巴罗:《小型企业》,高俊山译,中信出版社、西蒙与舒斯特国际出版公司 1998 年版,第 3 ~ 8 页;《中国中小企业发展年鉴(1996 ~ 1997 年)》,经济管理出版社 1997 年版,第 26 ~ 27 页。

续表

	意大利	法国	丹麦	荷兰	日本	我国台湾地区	美国
资本额					工矿业、运输业:1 亿日元 批发业:300 万日元 零售业:100 万日元	制造业、营运业、矿石及土石采取业:新台币 1 亿元 其他行业:新台币 15000 万元	
营业额							零售:8 万美元 批发:22 万美元 农业:100 万美元

在我国的企业群体中,中小企业同样占据了很大比重,根据经济形势的发展,我国对中小企业的划分和界定经过了多次较大的调整。我国于 2002 年颁布的《中小企业促进法》中指出:中小企业是指在中华人民共和国境内依法设立的有利于满足社会需要,增加就业,符合国家产业政策,生产经营规模属于中小型的各种所有制和各种形式的企业。日前根据企业人员、营业收入、资产总额将中小企业划分为中型企业、小型企业和微型企业三种。[①] 例如,在工业领域,从业人员在 300 ~ 1000 人,且营业收入在 2000 万 ~ 40000 万元的为中型企业;从业人员在 20 ~ 300 人,且营业收入在 300 万 ~ 2000 万元的为小型企业;从业人员 20 人以下或营业收入 300 万元以下的为微型企业。可见我国中小企业划分主要参考的是量的

① 工业和信息化部、国家统计局、国家发展和改革委员会、财政部联合印发的《关于印发中小企业划型标准规定的通知》。

标准。

通过参考国内外的不同标准，笔者认为，中小企业是中型企业和小型企业的总称。一方面，中小企业是一个相对的概念，其与所属行业的大企业相比，在雇员规模、资产规模以及经营规模上都算是比较小的经济单位。经济规模不同的国家或者是同一国家的不同行业，其对中小企业的界定也是不一样的。因行业的差别导致划分标准也不尽相同，工业和建筑业有资产总额的要求，而零售业、交通运输、住宿业等则没有资产总额的要求。另一方面，它是一个动态的概念，因时间、经济水平的不同而适时变化。对于企业自身而言，现在属于大企业的，若干年后未必仍是大企业，而现在是中小企业的，也可能会在未来发展成为大企业。例如，我国台湾地区对中小企业的界定标准随着时间的推移不断地进行调整，由从 1967 年至 1996 年，台湾当局根据经济发展的需要以及各个时期中小企业的发展状况作出了相应的调整。一般来说，中小企业由个人或少数人提供资金组成，多为业主直接管理，受外界干涉少，之所以对中小企业的界定有标准，其目的之一在于方便政府管理和扶持中小企业。

二、中小企业的特点

当前中小企业具有十分重要的地位，作为市场经济的微观基础，它在国民经济中占有重要比重，成为拉动经济的新兴增长点，同时又是农村经济的支柱，有利于缓解就业压力。尽管中小企业的优势特征明显，但也有部分中小企业在发展初期便夭折，除了客观环境因素外，企业自身也存在一定风险。

(一)优势特征

1. 小而专、小而活

中小企业由于规模小,自身的人力、财力、物力有限,无力经营多种产品以分散风险,更无法与大企业竞争,因而只能将有限的精力投向那些被大企业忽视的细小市场,并专注于产品的质量,以专补缺,以小补大,以便在市场上站稳脚跟。专精制胜的成长轨迹使中小企业市场适应性强,在激烈的竞争中得以谋求生存与发展。相比大企业而言,中小企业投入少、门槛低,资本投入市场时间短、见效快,此外,"船小好调头"的优势通常体现在企业财务项目等方面出现问题时,小企业因流动资金少而更容易撤离,将损失降至最低。总之,中小企业比大企业更具弹性和应变优势。此外,中小企业往往又是大企业的伙伴和帮手,通过专业化生产同大企业建立协作关系,不仅为大企业的发展贡献力量,同时又为自己的生存提供了可靠的基础。

2. 点多面广,行业齐全

大企业拥有巨额投资的装备优势,经营特点往往是单一、大批量的,以满足社会生产及个人日常生活主要方面的需求。但在现代化社会中,个性化、多元化的需求日趋增长,一部分市场需求已逐渐从大批量、单一化转向小批量、多样化,此时,大企业已无法覆盖至每个角落,而小企业地域分布广、行业多的优势使其更贴近市场、贴近客户,利于千变万化的消费需求。在技术革命的推动下,中小企业专业分工日益细化,产业链不断延伸,在某一领域的专业优势足以承接其他企业零配件的生产,或为其他企业提供服务,形成互惠互利的关系。此外,中小企业投资主体和所有制形式多元化以及发展于劳动密集型产业,本身就业容量和弹性就大于一般的大企业。例如,在零售商业领域,居民日常零星的、多种多样的消费需求都可以通过千家万户中小企业灵活的服务方式得到满足。

3. 创新速度快,效率高

为了在市场上占据一席之地,中小企业技术人员常常与顾客保持着密切的联系,对市场及消费需求的变化往往是最敏感的,因此能迅速地发现最新的需求萌芽,创新速度快且效率高。许多中小企业的经营者即创始人,公司规模小、人数少,不需要层层请示,一旦获取市场信息马上可以投入研发,以最快的速度占领市场。中小企业能跟上时代,其较强的市场适应能力和创业家精神是必不可少的,敢于冒险、奋力一搏的中小企业在新技术革命条件下,对新的技术发明可以立即付诸实践,在如微型电脑、半导体部件、信息系统等高新技术领域取得了极大的成功,诸如索尼、微软、惠普等中小企业在短短的几十年里就为人们所熟知、信赖。

(二)弱势特征

1. 抵御经营风险的能力差

中小企业在经济实力、获取经济资源、寻求外部支持等方面相比大企业明显逊色,此外,中小企业的准入壁垒较低,某一专业领域一旦占领市场便会导致大部分中小企业趋之若鹜,市场优胜劣汰速度快,对企业的创新效率要求高。当前大多数领域已形成买方市场,在日益激烈的市场竞争中,中小企业的生命周期短暂。据统计,目前我国中小企业的平均寿命只有短短的3.7年,相比之下,美国企业的平均寿命为8.2年,欧洲和日本企业相对长一些,达到12.5年。[①] 当市场出现剧烈动荡或者金融危机显现时,首当其冲的往往是中小企业,而那些创办时间不长、规模较小、信用水平较低的受到的冲击最为严重。

2. 规模小,流动资金有限

中小企业因成立的时间短,经营的产品市场份额小,大多数企业还停留在所有者原始积累阶段,没有足够的资本额和销售额满足企业扩大再生产的需求,在大企业基本实现高标准、高水平的管理时,中小企业基本没有生还的可能。在基本的生产和销售环节中,中小企业也容易出现赊销赊购现象,不可避免地引发三角债务关系,导致中小企业的现金流随时会断裂,一旦没有足够的现金环节和支撑,中小企业便会面临破产。资金薄弱,筹资能力差是制约中小企业融资的一大问题,以至于对外融资的需求和依赖性增强。即使中小企业没有法人资格的法律壁垒和相关法律要求,但要在市场上发行股票来获取资本依然很难。一方面,资本市场上的最低发行量通常高于中小企业的融资额度;另一方面,相对于大型企业来说,银行对中小企业贷款的管理成本要大得多。此外,中小企业的信用普遍偏低,这也降低了银行向中小企业提供融资的积极性。

3. 企业文化重形式,忽略实质

企业文化影响着企业的每一个元素,大到企业决策、人事任免,小至员工文化水平、行为素质。中小企业在忙于生存发展的同时往

---

① 数据来源:民建中央专题调研组:《后危机时代中小企业转型与创新的调查与建议》,载 http://works.5sw.com.cn/html/s3/c6/6330.html,最后访问日期:2015年11月22日。

往忽略了企业文化的建设,很难形成优秀的企业文化,加上员工素质普遍较低,“老板文化”衍生,很难形成企业凝聚力。一些中小企业对文化存在不完全甚至片面的理解,企业文化注重表面仪式,而忽略价值观的塑造。另一些中小企业则把企业文化等同于思想教育,并没有把跟自身品牌相通的文化切切实实地融入企业的发展中,与现代企业文化只是形似而神不似。由于大部分中小企业刚起步,尚处在原始积累阶段,企业文化以利益为主导,过分追求眼前利益和短时效益,在市场上往往背离顾客。现代企业强调人本主义和员工的归属感,但对于白手起家的中小企业来说,其经营管理大多以家庭成员为核心,外来员工难以获得相应机会,如此一来,没有归属感的员工一旦经手业务,掌握关系资源,很容易另立山头,使企业蒙受损失。

第三节　我国中小企业民间融资的历史发展与融资趋势

我国作为最大的发展中国家,中小企业的地位和作用尤为突出。在中华人民共和国成立后的50年间,因国情特殊,既经历了对私营工商企业的大改造,又出现了民营工商企业的大发展,大批中小企业自身带有由计划经济向市场经济转轨的印记,又有由农业向工业转化的特点。

20世纪80年代以来,我国中小企业因规模小、生产经营灵活等优势得以异军突起,成为我国GDP增长的重要贡献力量之一,至此,一个重新塑造了中国经济微观基础,改变了世界经济分工格局的中小企业群体在我国快速形成。1993～1995年间，广州市的447项研发项目中，中小企业参与了426项创新活动，占总数的95.3%，因其参与技术创新而给企业带来的销售额和毛利分别占其总产出和总利润的72%与49%。[①] 在1995年中国工业普查报告中，中小企业完成了666亿美元的出口额，占当年中国出口总额的32%。[②] 中小企业不断地以其在市场经济中的反应速度和技术优势，逐渐成为中国经济创新的重要源泉。改革开放以来，中小企业迅猛发展，据统计，如果包括微型企业在内，中国2000年年底中小企业约有3980万户，占企业总数的98%，创造的GDP值约占中国GDP总值的50%，在中国工业总产值和实现利税中的比重分别达到60%和40%，是国民经济的半壁江山，其地位和作用是任何大企业和政府所无法取代的。[③]

2000年之后，中小企业蓬勃发展，户数显著增加，营业能力明显增强，人员素质有所提高，管理人员适量增长。国外许多国家如美、日、韩、泰为扶持中小企业发展，通行的做法是制定中小企业促进法或中小企业法，以改善中小企业的发展环境。2003年1月1日，我国出台并实施《中小企业促进法》，这是中国第一部中小企业专门法，标志着中小企业正式纳入立法轨道。截至2009年9月底，全国中小企业达1023.1万户，超过企业总户数的99%，创造的最终产品和服务价值相当于国内生产总值的60%左右，缴税额为国家

---

① 杨思群：《中小企业融资与金融改革》，社会科学文献出版社2001年版。

② 《中国统计年鉴(1995年)》，中国统计出版社1995年版。

③ 刘彩娜：《私企上市三条路——曹凤岐为中小企业融资支招》，载《中华工商时报》2002年7月22日。

税收总额的50%左右，提供了近80%的城镇就业岗位。可以说，中小企业已经发展成为中国国民经济发展和社会发展的重要力量。

我国中小企业民间融资历史悠久，多年来，中小企业与民间融资相伴相生，共同致力于解决中小企业融资难问题。历史上影响较大的“钱庄”“票号”等是民间融资的主要来源。中华人民共和国成立后，历经社会主义改造，民间借贷收到政权的打压而迅速萎缩，仅存留以个人之间互助形式的小范围借贷。改革开放以来，我国逐渐由计划经济向市场经济转化，在这一过程中，作为非公有制经济的中小企业迅速成长起来，并寻求经营规模扩大化。

源于此，融资成为中小企业扩大化的必然路径。但中小企业在发展的过程中遇到许多“瓶颈”，其中融资难成为最突出的问题。然而，中小企业由于规模小、资金少、信誉低等劣势，加之国有银行贷款行政效率低并且偏好向国营公有制企业贷款，使中小企业在正规金融渠道或是股票市场筹集资金的能力和机会有限。因此，在这样的背景之下，中小企业对民间资本的渴求及愿意支付高回报的承诺正好满足了投资无门的民间资本，民间融资成为中小企业的主要融资渠道。2009年全球金融危机爆发，在其影响下中小企业民间融资受到巨大冲击，经营发展面临困境，浙江、广东地区中小企业数量多、民营经济发达，由于资金链断裂，众多中小企业面临倒闭的风险。后因国家的及时调控，中小企业民间融资才重新焕发生机。

中小企业民间融资当前存在四大趋势：

第一，中小企业民间融资规模巨大且在不断扩大。据2005年中央财经大学对全国17个省份2175个中小企业负责人、财务人员、营销人员、员工和个体工商户进行了问卷和访谈调查，设计中小企业地下金融活动规模指数，根据调查结果计算得出全国 17 个省份的平均指数为 35.86%。[①] 可见，企业有 1/3 的融资来自非正规融资渠道，此外，调查还证明，越是不发达地区，对地下融资的需求量和依赖性越大。

由上述数据可见，当中小企业无法直接获得银行的贷款时，中介机构融资、民间融资等，都是中小企业所经常采取的方式。与大企业相比，中小企业所能提供的抵押品较弱，因此通过正规渠道从银行获得贷款的机会就会非常小，加上这些银行认为中小企业借贷，风险比较高，容易产生无法收回的后果，所以对于这样的企业往往设定很多复杂和苛刻的手续来抑制中小企业贷款。这就迫使中小企业转向其他方式进行贷款，虽然这些利率往往很高，但由于需要维持生产，依然向其借贷。据美国调查显示，商业信用是中小企业债务融资中仅次于商业银行贷款的第二大融资来源。

第二，中小企业民间融资渠道多样化。中小企业民间融资源于亲缘、地缘、友谊或是经常往来业务形成的关系，基本形式现已拓展为民间自由借贷、集资、典当、合会、金融互助组织等，融资来源多元化。

第三，中小企业融资市场适应性越来越强，屡屡上升明显。当前民间融资的利率根据市场的资金供需情况进行合理调控，加之国民经济的良好发展势头，中小企业民间融资的利率也保持平稳上升的趋势。

第四，中小企业民间融资形式规范化，抗风险能力增强。中小

---

① 杨娟：《中小企业融资结构：理论与中国经验》，中国经济出版社 2008 年版。

企业在进行民间融资时法律意识显现，倾向于订立正式的借款合同，金额大的以固定资产作为抵押。由于金融专员的介入，中小企业民家融资的风险管理能力和控制力提升，资本流向趋于理性。

毋庸置疑，中小企业民间融资在很大程度上缓解了企业的资金困难，但目前我国关于中小企业民间融资的相关制度和监管相比发达国家还有所差距。因此，这把“双刃剑”在运行的过程中也存在一些亟待解决的问题：

第一，国家层面的困境。一方面，中小企业民间融资缺乏在金融制度层面的合理安排。我国因为长期实行计划—市场经济体制两手抓的模式，国家宏观调控这一“隐形的手”对金融活动和金融体系造成了过多的干预，国家的相关金融抑制政策并没有对中小企业民间融资给予足够的尊重以及制度上的安排和引导。在金融市场未能进一步深化发展、资本未能合理有效配置、实体经济不能拥有规范充裕的金融支持的情况下，出现非法集资的事件也就成了不可避免的制度成本，其结果严重影响了中小企业发展和升级的步伐。

此外，金融监管理念重审批，轻监管，缺乏有效的风险保障机制。我国针对金融产品的准入有严格的行政许可制度，对非法融资也有明确的界定标准。但在实际操作中，中小企业民间融资大部分是未经批准的，面对严格的行政许可制度和监管机关，这一金融活动很可能被划定为非法融资。然而目前我国的金融监管机关缺乏对市场中资金紧缺的中小企业发展的必要关注，在中小企业进行融资时没有给予足够的信息帮助和融资指导。

另一方面，中小企业民间融资缺乏法律层面的规制。一直以来，由于国家立法体系没有及时完善，中小企业民间融资总处在进退维谷的尴尬境地，法律地位模糊。长期以来，中小企业民间融资在世界各国都是普遍存在的经济现象，中小企业通过民间金融渠道满足自身资金需求的同时，亦会引发相关问题，对国家经济造成负面影响，如美国“庞氏骗局”以及我国台湾地区“地下资金”等。对于中小企业民间融资所带来的负面影响，各国通过金融深化、立法规范、政策鼓励等方式引导民间融资投入中小企业，并取得了一定成效。在我国，中小企业民间融资的合法性一直被罩着一层似是而非的面纱，游离在法律的边缘。由于民间融资和非法集资极为相似，以至于中小企业在吸纳民间资金时不小心容易沦为非法集资，受到法律的制裁。

但令人遗憾的是，我国法律长期以来并没有严格区分民间融资和非法集资，甚至随着非法集资打击力度加重、范围扩大，使中小企业民间融资动则其咎，随时都可能承担行政或刑事责任。我国现行法律法规对中小企业民间融资的相关规定散见于《民法通则》《合同法》《证券法》《刑法》等基本法律中，但仍缺乏一套专门规制中小企业民间融资的法律规范。

第二，中小企业民间融资自身层面的困境。一方面，中小企业民间融资的自发性、松散性、资本逐利性使投资者注重利润收益，而忽视国家产业政策、货币政策，资金往往流向国家限制性产业，有碍于国家宏观调控。此外，中小企业民间融资并未纳入国家金融统计之中，那么仅就金融统计的数据来分析当前国家经济形势是不够准确的，那么就会影响到国家宏观政策的制定。

另一方面，中小企业民间融资易加重自身的债务负担。通常常规利息范围内的民间融资有利于解企业的燃眉之急，促进其持续发展，但是高息甚至超高息则不利于企业长久、健康地运营，有的企业为了偿还一家的贷款而想方设法向另一家民间金融机构贷款，长此以往则加大了金融领域的不稳定因素。

综上所述，中小企业与大企业相比，其融资模式表现为更偏好内源性融资，同时也更依赖于民间融资，尤其是经常性的短期的民间借贷，以及第三方中介机构和非正规渠道等特征。总体来看，分析中小企业的这些融资方式，能够反映出自身的特点，即快速性和风险性。

根据这些特征，同时基于中小企业不可抑制的内生性融资需求和正规融资渠道缺失的现实，以及民间融资已成为企业解决资金不足主要渠道的角色定位，破解中小企业融资难题的可能路径在于：立法重点和规则设计应定位于民间融资法律问题的解决，厘清民间金融之于中小企业的适用性，并在法律制度中很好地体现这种适用性，从而从立法层面实现对中小企业“强位弱势”融资地位的补偿；针对民间借贷纠纷的频发和审判难度的加大，在司法审判中，法院应有法可依；在法律缺失的情况下，积极应对经济形势变化采取可行措施，能动地甄别借贷证据，合理设置举证责任，努力营造良好的金融生态环境，实现司法层面的补偿功效；从国际范围内考察，吸收国际经验，建立以融资利率为中心的微观法律补偿机制，制定专门的反高利贷法，以规制民间借贷的利率上限和法律责任。通过三位一体的法律补偿机制的建构，真正实现民间金融作为正规金融的有益补充，破解中小企业的融资难题。

第二章　中小企业民间融资立法补偿机制

目前,我国法律体系中尚无关于中小企业民间融资的专门法,现有的法律法规,涉及民间融资的法律有6部,行政法规、规章及相关的司法解释达70多部。其中,《民间借贷司法解释》《合同法》《商业银行法》《中小企业促进法》等构成了调整中小企业民间融资的基本法律框架。综合这些规定来看,我国对民间融资采取的是行政管理为主、刑法规制为辅的模式。下文分别对现行民事、行政法律规范中有关民间融资的规定进行梳理总结。

第一节　中小企业民间融资现行框架与法律体系

一、中小企业民间融资基本法律性质的相关规定

民间融资活动主要体现为民间借贷,从现行法律规定来看,将合法所有的资金投入民间融资并获取收益,应是公民和企业的基本权利,受到法律的保护。具体表现在以下两方面:

（一）《宪法》和《物权法》赋予了公民、企业运用自有合法资金进行投资并获取收益的权利

根据《宪法》第13条的规定，公民的合法私有财产不受侵犯，国家依照法律规定保护公民的私有财产和继承权。民间融资的标的是货币或者说资金，而货币和资金是公民私有财产的主要形式。绝大多数民间融资行为是资金所有人使用和处分其合法资金并获取收益的行为，理应受到国家的保护。《物权法》第65条和第68条更是明确规定，私人合法的储蓄、投资及其收益受法律保护；企业法人对其不动产和动产依照法律、行政法规以及章程享有占有、使用、收益和处分的权利，据此确认了市场主体具有运用自有资金进行融资获益的权利。

（二）《合同法》规定，依法成立的民间借贷合同关系受法律保护

《合同法》第12章对借贷合同的定义、形式、双方的权利和义务、利息等作了具体规定，其中第196条规定，借款合同是借款人向贷款人借款，到期返还借款并支付利息的合同。绝大多数民间融资采取了借款合同的形式，故与其他类型的借贷关系一样，只要符合意思表示真实等合同成立的基本条件，均受到法律的保护。

二、中小企业贷款融资的相关法律规定

为了突出对中小企业的特殊扶持，我国《中小企业促进法》和银行系统的规章办法等均规定了解决中小企业融资困境的特殊规则。如《中小企业促进法》第15条规定，各金融机构应当对中小企业提供金融支持，努力改进金融服务，转变服务作风，增强服务意识，提

高服务质量。各商业银行和信用社应当改善信贷管理，扩展服务领域，开发适应中小企业发展的金融产品，调整信贷结构，为中小企业提供信贷、结算、财务咨询、投资管理等方面的服务。

从银行系统颁布的部门规章或实施细则来看，均为中小企业，特别是小型企业的授信业务设置了专门的贷款流程和风险控制办法。如中国人民银行于1998年颁发的《关于改进金融服务、支持国民经济发展的指导意见》。同年下发了《关于进一步改善对中小企业金融服务的意见》和《关于扩大对小企业贷款利率浮动幅度的通知》，并于1999年下发了《关于加强和改进对小企业金融服务的指导意见》。

在银行业监督管理委员会成立以及《银行业监督管理法》颁布后，2005年7月银监会发布了《银行开展小企业贷款业务指导意见》。该意见专门针对小企业的特点，在贷款方式、抵押担保要求、风险控制、风险定价、还款方式、业绩考核以及问责制度等方面，根据小企业贷款业务特点作出了有针对性的规定。如在贷款方式上，银行应主要以借款人经营活动所形成的现金流量和个人信用为基础来确定发放贷款，贷款应简化手续，减少审批环节，缩短审批时间，尽量实现贷款流程的标准化；在担保方式上，银行应在法律法规允许的范围内，探索在动产和权利上设置抵押或质押，采取灵活担保方式，增加担保物品种。在贷款利率上，可在法律允许范围内实行自主灵活定价。

在中国人民银行和银监会政策的指导下，各大国有商业银行均颁布了中小企业贷款业务的实施方案。这些具体操作规程对中小型企业的融资实践更为重要，直接指导着分行、支行对中小企业发放贷款的具体操作。目前银行系统最新的专门针对中小企业的规则为2006年11月24日上海浦东发展银行开始施行《上海浦东发展银行分行中小企业授信流程规定》。该规定开篇即明确，“中小企业金融业务将实行有别于传统公司业务以及个人业务的专营模式开展”，通过对中小企业专营模式下授信业务的流程界定，明晰分行中小企业风险管理各岗位的职能，以规范中小企业授信业务操作。并于同日下发《上海浦东发展银行中小企业风险管理基本准则》，加强对中小企业贷款的风险控制。如中国工商银行总行下发了《中国工商银行中小企业信贷业务经营管理办法》《中国工商银行小型企业信贷管理实施意见》《中国工商银行中小企业信贷经营管理机构运行模式（试行）》《中国工商银行中小企业信贷业务监测考核实施意见（试行）》《中国工商银行小型和微型企业信贷业务操作规程》等。

总的来看，商业银行为应对激烈的市场竞争，为了扩大业务份额，开始将中小企业作为主要客户来源之一，并为之设计了不同于大型企业的业务规则。

三、中小企业融资贷款担保的相关规定

《担保法》法定的担保方式有：保证、抵押、质押、留置。就中小企业融资的担保方式和担保物品的选择而言，《担保法》及其司法解释和《物权法》颇值得我们关注。担保法是我国规范担保行为的基本法律，按照民事主体平等的原则制定，并没有对中小企业的特殊规则，但是该法中涉及对担保物品的选择条款，其中和中小企业融资具有密切联系的即是动产可否采用抵押方式。该问题也为我国

物权法所关注，在物权法的征求意见过程中，央行力主采纳动产抵押制度。但在银行实际办理小型企业信贷业务时，要求首先采用抵（质）押方式，其次采用保证方式，最后采用或者原则上不采用信用担保方式。这就使中小企业贷款担保方式的选择具有了讨论的空间。

1.《担保法》及其司法解释对动产抵押担保的规定。就动产作为担保物，动产质押为我国担保法所承认，《担保法》第 63 条规定债务人或者第三人将其动产移交债权人占有，将该动产作为债权的担保。债务人不履行债务时，债权人有权依照本法规定以该动产折价或者以拍卖、变卖该动产的价款优先受偿。由于标的物需要转移占有，所以该法赋予质权人妥善保管质物的义务。因保管不善致使质物灭失或者毁损的，质权人应当承担民事责任。这种规定无疑加大了质权人的义务。

而就动产抵押，我国《担保法》规定得较为原则。我国《担保法》所指称："本法所称抵押，是指债务人或者第三人不转移对本法第三十四条所列财产的占有，将该财产作为债权的担保。债务人不履行债务时，债权人有权依照本法规定以该财产折价或者以拍卖、变卖该财产的价款优先受偿"（第 33 条第 1 款）。《担保法》采用概括加列举的方式对可予以抵押的动产进行了规定：包括抵押人所有的机器、交通运输工具和其他财产；抵押人依法有权处分的国有的机器、交通运输工具和其他财产；依法可以抵押的其他财产（第 34 条）。

2.《物权法》关于动产抵押的规定。《物权法》规定了动产质权和权利质权，并于第 6 条规定了动产物权的设立和转让方法，即"应当依照法律规定交付”。和《担保法》不同的是,《物权法》扩大了可以抵押的动产范围,除了法定抵押的特定动产,如“建筑物和其他土地附着物”,正在建造的建筑物、船舶、航空器、交通运输工具外,《物权法》第 181 条增加规定“经当事人书面协议,企业、个体工商户、农业生产经营者可以将现有的以及将有的生产设备、原材料、半成品、产品抵押,债务人不履行到期债务或者发生当事人约定的实现抵押权的情形,债权人有权就实现抵押权时的动产优先受偿”。据此,《物权法》的通过为中小企业通过动产抵押担保来解决融资困境提供了法律规则支持。

我国目前针对中小企业金融业务采取了和大型企业区别对待的立法,对中小企业采取扶持的政策。也就是说,对中小企业融资,采取有别于传统公司业务或者个人业务的专营模式,将中小企业作为特殊主体对待。在上述一系列为促进中小企业融资的法律、法规、规章或者银行系统内部的操作规章中,在对企业主体进行细分,贷款流程进行细分等措施下,并没有扩大担保方式。扩大担保范围和担保物品是解决中国中小企业融资现状和融资困境的现实途径。

3.《担保法》对动产抵押规定的不足。我国《担保法》规定有法定动产抵押的法律规则,如规定“抵押人所有的机器、交通运输工具和其他财产”等动产可以作为抵押物,其他“财产内涵”外延也不明确。对于经当事人协商一致且不违反法律禁止性规定,能否就任何种类动产设定抵押,无相关司法解释和配套措施出台,就其上的优先权等问题均不清晰。再如,《担保法》对商标使用权质押适用“不转移占有”和“登记生效”原则,实际上已是抵押特征和公示方法;《担保法》司法解释中明确以公路桥梁、公路隧道或者公路渡口等收益权设定担保是质押行为，但以上收益权实际上很难转移占有。另外，虽然《担保法》规定了法定动产可以用于抵押，但是可以作为抵押的动产标的物种类有限，不能视为我国已经建立动产抵押制度。并且，法律没有为当事人自行约定抵押动产的范围留下实际操作的空间。

与《担保法》及其司法解释相比，《物权法》吸收了约定动产担保，也就是允许当事人经由书面协议来约定动产的范围，这项规定无疑有助于中小企业扩大融资渠道。《物权法》吸收了金融机构的建议，规定“企业、个体工商户、农业生产经营者可以将现有的以及将有的生产设备、原材料、半成品、产品抵押，扩大了动产担保形式，将动产抵押权的性质设定为物权，该规定最直接的目的在于担保人破产时，金融机构可以优先受偿”。如果联系中小企业融资实践，动产抵押已经被作为最后的解决途径，《物权法》的该规定无疑具有积极意义。

四、中心企业民间融资主体的相关规定

以民间融资发生的主体来划分，民间融资可分为个人之间、个人与企业之间、企业与企业之间的借贷，其中企业之间的借贷在我国属受限之列。企业之间进行资金拆借的现象由来已久，我国长期实行严厉的金融管制政策，在这种背景下，企业之间的借贷被认为会干扰国家信贷政策、计划的贯彻执行，削弱国家对投资规模的监控，造成经济秩序的紊乱，故予以严格限制。

早在 1990 年，最高人民法院在《关于审理联营合同纠纷案件若干问题的解答》中就明确规定，企业法人、事业法人作为联营一方向

联营体投资,但不参加共同经营,也不承担联营的风险责任,不论盈亏均按期收回本息,或者按期收取固定利润的,是名为联营,实为借贷,违反金融法规,应当确认合同无效。除本金可以返还外,对出资方已经取得或者约定取得的利息应予收缴,对另一方则应处以相当于银行利息的罚款。

1996 年 3 月,最高人民法院《关于企业相互借贷的合同出借方尚未取得的约定利息人民法院应当如何裁决问题的解答》又指出,对企业之间相互借贷的出借方或者名为联营、实为借贷的出资方尚未取得的约定利息,人民法院应当依法向借款方收缴。上述意见表明,企业间的借贷关系被最高人民法院视为无效,除了本金予以保护外,原约定的利息不予保护;此外,企业之间进行借贷的,对于约定的利息,无论借款方是否实际取得,均应当予以收缴,这实际上是一种法律制裁措施,充分反映了计划经济时代残留的国家对强力干预社会经济生活的思想。除了最高审判机关以外,作为金融监管部门的中国人民银行也一向反对企业之间的借贷。1996 年中国人民银行颁布的《贷款通则》第 61 条规定,各级行政部门和企事业单位、供销合作社等合作经济组织、农村合作基金会和其他基金会,不得经营存贷款等金融业务。企业之间不得违反国家规定办理借贷或者变相借贷融资业务。尽管有人认为前述规定只是禁止企业之间违反国家规定办理借贷,而非完全禁止,但由于并不存在企业之间可以借贷的规定,等同于实际上国家对企业间借贷是持完全禁止的态度。

1998 年,中国人民银行在回复最高人民法院的《中国人民银行关于对企业间借贷问题的答复》中指出,借贷属于金融业务,而根据

《银行管理暂行条例》第 4 条的规定，禁止非金融机构经营金融业务，故非金融机构的企业之间不得相互借贷，企业间订立的借贷合同（或借款合同）违反国家法律和政策，应认定无效。由上述规定来看，我国对企业间的融资行为采取了严格限制的态度，这与长期以来的金融抑制政策以及国家对社会经济生活的强力干预有关。

五、中小企业民间融资利率的相关规定

利率是民间融资法律规制的核心，对社会资金的融通效率和民间融资的开放程度都有直接影响。我国对民间融资利率的规制主要体现在以法律、司法解释、人民银行文件等形式对利率上限予以限制，我国曾在《中华人民共和国经济合同法》《关于人民法院审理借贷案件的若干意见》等文件中有过具体规定，但现已失效。现行有效的关于利率的规定是《民间借贷司法解释》。其中，第 25 条规定，借贷双方没有约定利息，出借人主张支付借期内利息的，人民法院不予支持。自然人之间借贷对利息约定不明，出借人主张支付利息的，人民法院不予支持。除自然人之间借贷的外，借贷双方对借贷利息约定不明，出借人主张利息的，人民法院应当结合民间借贷合同的内容，并根据当地或者当事人的交易方式、交易习惯、市场利率等因素确定利息。第 26 条规定，借贷双方约定的利率未超过年利率 24%，出借人请求借款人按照约定的利率支付利息的，人民法院应予支持。借贷双方约定的利率超过年利率 36%，超过部分的利息约定无效。借款人请求出借人返还已支付的超过年利率 36% 部分的利息的，人民法院应予支持。

六、中小企业民间融资资金来源和用途的相关规定

根据有关规范性文件的规定，民间融资的资金来源应限于出借人自有的合法资金，且借用目的不能违法。具体如下：

1. 中国人民银行《关于取缔地下钱庄及打击高利贷行为的通知》第 2 条规定，民间个人借贷中，出借人的资金必须是属于其合法收入的自有货币资金，禁止吸收他人资金转手放款。

2. 最高人民法院于 2011 年 12 月下发的《关于依法妥善审理民间借贷纠纷案件促进经济发展维护社会稳定的通知》指出，对于因赌博、吸毒等违法犯罪活动而形成的借贷关系或者出借人明知借款人是为了进行上述违法犯罪活动的借贷关系，依法不予保护。[①]

七、中小企业民间融资对象的相关规定

以民间融资对象的人数和范围来划分，民间融资可划分为两种基本类型：一是借贷双方均为单数；二是借贷一方为多数，即一人向多人借款或一人向多人放款，这种类型具体又可分为向特定对象借款、放款及向不特定的社会公众借款、放款。在单个主体及特定范围主体之间进行的民间融资活动，除了资金来源、借贷用途、利率不合法外，一般均合法有效。

而对于融资对象属不特定社会公众的借贷行为，我国法律则作了严格限制，具体如下：

第一，未经批准不得向不特定社会公众集资。为了保护社会公

① 刘鑫：《论民间融资的刑法规制》，华东政法大学 2012 年博士学位论文。

众资金的安全和正常金融秩序，我国对以社会公众为对象的融资行为一向持严格监管态度。根据《商业银行法》《公司法》《证券法》等法律规定，在我国，向社会公众吸收资金的合法形式主要为金融机构吸收存款、公司企业发行股票、债券等。除此之外，任何单位和个人不得擅自向社会公众融资。《非法金融机构和非法金融业务活动取缔办法》规定，未经依法批准，以任何名义向社会不特定对象进行的非法集资活动均属非法金融活动，必须予以取缔。

第二，未经批准不得从事放贷业务。对于向社会公众发放贷款的业务，我国也实行了严格的市场准入制度。1996 年中国人民银行颁布的《贷款通则》第 21 条规定："贷款人必须经中国人民银行批准经营贷款业务，持有中国人民银行颁发的《金融机构法人许可证》或《金融机构营业许可证》，并经工商行政管理部门核准登记。"《非法金融机构和非法金融业务活动取缔办法》规定，未经中国人民银行批准，擅自从事发放贷款的，属于非法金融业务，必须予以取缔。

综上可见，在现行法律框架下，一方面，将自有的合法资金投入融资活动，系公民、企业法人的一项基本权利，合法的借贷关系受到法律保护。另一方面，国家为了保护正常金融秩序、社会秩序、公众的资金安全及国有金融机构的垄断利益，对民间融资的利率、主体、资金来源、用途作了一定的限制。具体而言，民间融资的利率不得超出同期银行贷款利率的四倍；未经批准不得向社会不特定公众融资和发放贷款；资金出借人只能以属于其合法收入的自有资金进行借贷；明知他人为了非法活动而借款，仍提供资金的，借贷关系不受法律保护。

八、中小企业民间融资领域犯罪的刑法规制

我国刑法规定的犯罪，到底哪些是规范民间融资行为的，并未有明确的界定，但总体而言，涉及的罪名，主要有集资诈骗罪、合同诈骗罪、擅自发行股票、公司、企业债券罪、欺诈发行股票、公司、企业债券罪等。

（一）集资诈骗罪、合同诈骗罪、诈骗罪

这三种犯罪是典型的发生在民间金融领域的诈骗犯罪。也就是说，这三种犯罪本身并不是因为民间金融活动导致的，而主要是发生在民间金融领域。这些犯罪的行为人往往假借民间金融的形式——民间借贷、投资入股、民间会社等形式——掩盖其骗取财物之本质。其中，集资诈骗罪是最典型的假借民间集资外壳实施的金融诈骗犯罪。

最早将集资诈骗行为犯罪化的同样是《金融秩序犯罪决定》。其第 8 条规定："以非法占有为目的，使用诈骗方法非法集资的，处三年以下有期徒刑或者拘役，并处二万元以上二十万元以下罚金；数额巨大或者有其他严重情节的，处三年以上十年以下有期徒刑，并处五万元以上五十万元以下罚金；数额特别巨大或者有其他特别严重情节的，处十年以上有期徒刑、无期或死刑并没收财产。""单位犯前款罪的，对单位判处罚金，并对直接负责的主管人员和其他直接责任人员，依照前款的规定处罚。"

1997 年《刑法》第 192 条对集资诈骗罪的法定刑进行了适当调整："以非法占有为目的，使用诈骗方法非法集资，数额较大的，处五年以下有期徒刑或者拘役，并处二万元以上二十万元以下罚金；数

额巨大或者有其他严重情节的，处五年以上十年以下有期徒刑，并处五万元以上五十万元以下罚金；数额特别巨大或者有其他特别严重情节的，处十年以上有期徒刑或者无期徒刑，并处五万元以上五十万元以下罚金或者没收财产。”

由此不难看出，1997 年《刑法》，一方面，进一步加大了对集资诈骗行为的惩治力度，体现了国家对集资诈骗行为的高压态势；另一方面，又严格控制了集资诈骗犯罪无期徒刑特别是死刑的适用，体现了国家严格限制死刑适用的刑事政策。

在《刑法修正案（八）》草案的起草和审议过程中，有些部门和专家学者建议取消集资诈骗罪的死刑。但是立法机关研究认为，集资诈骗罪与票据诈骗罪、金融凭证诈骗罪和信用证诈骗罪同属金融诈骗犯罪，但该罪的被害人往往是不特定的人民群众，受害者人数众多，涉案金额惊人，不仅侵犯人民群众的财产权益，扰乱金融秩序，还严重影响社会稳定。近年来，这类犯罪尚未得到有效遏制，在个别地方仍然时有发生。在这种情况下，对集资诈骗数额特别巨大并且给国家和人民利益造成特别重大损失的犯罪，在现阶段仍然需要保持高压态势，适当保留死刑是必要的。

由于集资诈骗只是发生在民间金融领域的诈骗方式之一，而有些不以集资形式出现的诈骗行为，则可能构成合同诈骗罪、诈骗罪。当然，三者的关系也是错综复杂的，以致司法实践中以此种罪名侦查，而以彼种罪名起诉、判决的情况时有发生。笼统地说，在民间金融领域，集资诈骗罪与合同诈骗罪往往是交互竞合的关系，而集资诈骗罪、合同诈骗罪与诈骗罪，则主要是独立竞合关系。

可见，现行《刑法》针对不同种类的资金吸纳行为，规定了不同的犯罪。针对从事货币等特许金融业务的资金吸纳行为，《刑法》规定了非法吸收公众存款罪和擅自设立金融机构罪；针对以非法占有为目的的资金吸纳行为，《刑法》规定了集资诈骗罪、合同诈骗罪、诈骗罪；针对货币、资本经营以外的生产、服务业资金吸纳行为，《刑法》规定了擅自发行股票、公司、企业债券罪和欺诈发行股票、公司、企业债券罪；而生活消费领域的资金吸纳行为，目前看来尚无动用刑法规制的必要。此外，组织、领导传销活动罪和虚假广告罪等，有时也被用于惩治非法资金吸纳行为；在暴力讨债过程中，非法拘禁、故意伤害甚至故意杀人也时有发生。

（二）擅自发行股票、公司、企业债券罪

现行《证券法》第 10 条第 1 款规定："公开发行证券，必须符合法律、行政法规规定的条件，并依法报经国务院证券监督管理机构或者国务院授权的部门核准；未经依法核准，任何单位和个人不得公开发行证券。"《证券法》第 188 条规定："未经法定机关核准，擅自公开或者变相公开发行证券的，责令停止发行，退还所募资金并加算银行同期存款利息，处以非法所募资金金额百分之一以上百分之五以下的罚款……"第 231 条规定："违反本法规定，构成犯罪的，依法追究刑事责任。"结合上述规定，应将《刑法》第 179 条解释为"未经国家有关主管部门批准，公开或者变相公开发行股票或者公司、企业债券，数额巨大、后果严重或者有其他严重情节的"。

这种解释对《刑法》条文进行了两方面的修正。一是将"发行"限制解释为"公开发行"。因为《证券法》尚且不禁止非公开发行证券的行为，《刑法》自无关注的必要。二是阐述"公开发行"包括"变相公开发行"。因为直接以股票、公司、企业债券发行的违法性过于明显,因此,直接以擅自公开发行股票、公司、企业债券的形式非法集资的并不多见。最高人民法院《关于审理非法集资刑事案件具体应用法律若干问题的解释》第6条也采取了这种解释,未经国家有关主管部门批准,向社会不特定对象发行、以转让股权等方式变相发行股票或者公司、企业债券,或者向特定对象发行、变相发行股票或者公司、企业债券累计超过200人的,应当认定为刑法第179条规定的"擅自发行股票、公司、企业债券"。构成犯罪的,以擅自发行股票、公司、企业债券罪定罪处罚。显然,最高人民法院将《证券法》第10条第2款关于公开发行的界定替换了进来,即有下列情形之一的,为公开发行:(1)向不特定对象发行证券的;(2)向特定对象发行证券累计超过200人的;(3)法律、行政法规规定的其他发行行为。同时纳入了《证券法》第188条"变相公开发行"的规定。笔者认为,这一解释是合理的。

(三)欺诈发行股票、公司、企业债券罪

最早规定追究欺诈发行股票、公司、企业债券行为刑事责任的是1993年通过的《公司法》。该法第207条规定,制作虚假的招股说明书、认股书、公司债券募集办法发行股票或者公司债券的,责令停止发行,退还所募资金及其利息,处以非法募集资金金额1%以上5%以下的罚款。构成犯罪的,依法追究刑事责任。

1995年全国人大常委会通过《关于惩治违反公司法的犯罪的决定》。该决定进一步明确规定:"制作虚假的招股说明书、认股书、公司债券募集办法发行股票或者公司债券,数额巨大、后果严重或者有其他严重情节的,处五年以下有期徒刑或者拘役,可以并处非法募集资金金额百分之五以下罚金。单位犯前款罪的,对单位判处非法募集资金金额百分之五以下罚金,并对直接负责的主管人员和其他直接责任人员,依照前款的规定,处五年以下有期徒刑或者拘役。”

1997年《刑法》第160条将上述规定修改为:“在招股说明书、认股书、公司、企业债券募集办法中隐瞒重要事实或者编造重大虚假内容,发行股票或者公司、企业债券,数额巨大、后果严重或者有其他严重情节的,处五年以下有期徒刑或者拘役,并处或者单处非法募集资金金额百分之一以上百分之五以下罚金。单位犯前款罪的,对单位判处罚金,并对其直接负责的主管人员和其他直接责任人员,处五年以下有期徒刑或者拘役。”

《刑法》的规定与《关于惩治违反公司法的犯罪的决定》相比,有五点不同:(1)进一步细化了罪状,突出“隐瞒重要事实或者编造重大虚假内容”;(2)增加了企业债券;(3)增加了单处罚金的规定;(4)增加了罚金的下线“百分之一”;(5)删去了单位判处罚金的数额。

(四)擅自设立金融机构罪

与非法吸收公众存款一样,追究擅自设立金融机构的刑事责任最早也是由1995年通过的《商业银行法》规定的。该法第79条规定,未经中国人民银行批准,擅自设立商业银行……依法追究刑事责任;并由中国人民银行予以取缔。

全国人民代表大会常务委员会《关于惩治破坏金融秩序犯罪的决定》第6条进一步明确规定:“未经中国人民银行批准,擅自设立商业银行或者其他金融机构的,处三年以下有期徒刑或者拘役,并处或者单处二万元以上二十万元以下罚金;情节严重的,处三年以上十年以下有期徒刑,并处五万元以上五十万元以下罚金……单位犯前两款罪的，对单位判处罚金，并对直接负责的主管人员和其他直接责任人员，依照第一款的规定处罚。”1997 年修订的《刑法》，将上述规定纳入第 174 条。

此后，1999 年通过的《刑法修正案》，将“未经中国人民银行批准，擅自设立商业银行或者其他金融机构的”修改为“未经国家有关主管部门批准，擅自设立商业银行、证券交易所、期货交易所、证券公司、期货经纪公司、保险公司或者其他金融机构的”。

应该说，擅自设立金融机构罪也是为民间金融行为量身定做的。因为一般认为，已经获得批准的商业银行等金融机构为了扩展业务，不向主管机关申报而擅自扩建营业网点、增设分支机构，或者虽向主管机关申报，但在主管机关尚未批准前就擅自设立分支机构进行营业活动的行为并不构成本罪，而只是作为一般的违法行为处理。不过本罪的构成要件，要求行为人必须设立商业银行、证券交易所、期货交易所、证券公司、期货经纪公司、保险公司、信托投资公司、融资租赁公司、信用合作社、企业集团财务公司等金融机构，而很多民间金融活动并不追求上述“名分”，故真正构成本罪的并不多见。

综上所述，我国中小企业民间融资立法在宏观架构、中观制度、微观刑罚设计中，皆有不足与缺陷。究其本质，皆因民间融资法律所维护的金融体制自身有缺陷，金融体制改革整体滞后于民营民间金融发展速度，滞后于市场经济体制对于法律的诉求。

第二节　中小企业民间融资法律体系的失衡

如上文所述，我国中小企业在已有的制度安排下，在民间融资

领域存在诸多法律桎梏,亟须破解:

一、立法理念侧重融资的外部抑制,强调金融效率,忽视金融公平

立法理念指立法主体在立法时所要追求的价值目标和理想,也有学者提出还包括立法活动所必须遵守的基本程序或制度约束。立法理念的正确与否对法律的实施效果具有直接影响。从现行我国关于民间融资的立法来看,在立法理念上存在以下两方面的问题:

(一)立法倾向于正规金融的扶持,忽略民间融资的公平性

在改革开放30多年中,民间金融对中国民营经济发展所做的贡献有目共睹,正如世界银行发展研究部的金融和民营经济小组对中国正规金融与民间融资以及经济发展的研究所得出的结论,“中国很少有民营企业从正规银行融入资金,绝大多数依赖于非正式融资”①。对民间融资的存在与贡献熟视无睹,以及对底层资金的需求置若罔闻,与我国整体社会经济发展、社会福利最大化的终极目标是不相符的。与此同时,经历了30多年的经济发展,中国民间聚集了大量资金,在没有其他良好投资渠道的背景下,仍然严守这种管制模式,无疑对于民间资本、中小企业都是不公平的制度安排,与法律制度本身所追求的公平价值目标相矛盾。

与民间融资对中国经济发展贡献不相匹配的是,其在现有法律体制中的地位,除了极少数的私人间借贷行为受到法律认可,多数

① Meghana Ayyagari, Asli Demirgüç – Kunt, Vojislav Maksimovic: Formal versus Informal Finance Evidence fromChina, The World Bank Development Research Group Finance and Private Sector Team, January 2008, Policy Research Working Paper 4465.

民间融资成为非法金融形态,受到国家严厉打击。曾几何时,国家可以容忍正规商业银行高达20%或是更高的不良资产率,却无法容忍这种内生性的民间金融的存在。

如果就政府的管制权与民间自治权的关系以及正规金融与非正式金融竞争角度而言,就不难发现这种严苛的金融管制有其必然性①。出于对民间自治权的考虑,民间融资这种自发形成的金融形式,显然不符合国家效用函数。由于大量的民间资本运行于体制外,民间融资的存在与正规金融形成了不可避免的竞争关系。

就竞争理念而言,发展民间融资有利于整个金融体制的完善,但对于长期掌控金融的当局而言,很难接受这种竞争理念,毕竟民间融资的存在会削减政府的控制力和正规金融的垄断效用。从而影响正规金融对国有企业的补贴作用,以及影响金融对国家产业政策的扶持效果。因此,对于无法掌控的民间金融而言,国家采取严格管制的手段对于当局者而言是最为安全的方式,无论民间金融在制度机理上逻辑性多强,如何与竞争理念相符合,都无法一蹴而就地改变这种长期形成的管制格局。故造就了民间金融的不公正待遇。

(二)立法倾向于国有企业的扶持,忽略中小企业的公平借贷权

作为发展中国家,我国的信贷配给制度总是将金融资源配置给那些符合国家战略计划的企业,加上“父爱主义”泛滥,中小企业从正规金融体制中获取的资金少之又少,无法满足其发展需求。

与此同时,这种间接融资又是中国绝大部分中小企业融资的主

---

① 有关管制权与民间自治权的关系,参见李志刚:《经济法上的两权对抗及其消解——以国家对民间融资的法律管制为视角》,载《法学》2006年第1期。

要手段，为此“贷款难”成为中小企业融资问题的主要表现。制度背景以及中小企业自身财务机制的不完善，导致银企之间产生如下循环：银行惜贷或拒贷—企业为了获得资金采取各种非法手段骗贷—银行重罚违法企业导致企业借贷能力进一步下降—银行更加惜贷或拒贷。对于这种现象，成思危认为，作为自负盈亏、自主经营的法人，商业银行对贷款的对象、期限、金额、利率等的确定拥有法定的自主权，但这并不意味着银行的任何惜贷和拒贷行为都是正当的，商业银行特别是国有商业银行对中小企业予以公平的贷款应当是银行的一种社会责任。

由于银行这种不合理、不公平的贷款政策，目前很多企业的非法融资行为看来处于“迫不得已”，因此，一方面，应当对非法融资予以惩罚；另一方面，应辩证的对待。故正如成思危先生所言，贷款难的根本症结不在于企业与宏观制度的缺失和薄弱，而在于企业的公平借贷权没有得到承认和保障。而要从根本上解决贷款难的问题，则必须树立公平借贷的立法理念，通过法律手段明确赋予企业以公平借贷权，并通过具体的制度加以保障与落实。

而公平借贷权的确定最为关键的是银行的社会责任，虽有《公司法》第5条“企业承担社会责任”的规定，但毕竟不是强制义务。如何在社会责任与盈利之间找到平衡点，才能落实公平借贷权。

二、法律位阶低，缺乏专门的民间融资立法

对于民间融资的监管，我国通过分别制定相关政策和法律法规进行规制，其中政策性文件较多，法律法规较少。且在已有的立法中，存在法律位阶较低、针对性不强等缺陷。目前有关民间融资的

法律法规主要表现为最高人民法院的解释、国务院部门规章以及地方政府规章。同时，这些规范性文件的针对性不强。目前我国还没有制定针对民间借贷的专门性法律，民间借贷法律关系除了适用司法解释和规章外，主要适用《民法通则》（2017 年《民法总则》颁布之前）的原则性规定和其他法律法规的相关规定，将民间借贷法律关系纳入民事法律关系的范畴，这些规定的适用不能完全涵盖营利性的民间借贷主体。

由于专门法的缺失，长期以来，我国的民间融资活动始终处于一种模糊的失范状态，对于民间融资的基本法律问题，都没有基本的界定。如民间融资法律内涵与外延，民间融资的类型，立法的价值取向和模式选择，利率的规定及法律责任的认定等。立法的缺失加上个人破产法律制度的缺位、征信体系的不健全，使企业融资渠道鱼目混珠，地下钱庄等黑色金融盛行，增加了企业融资的法律风险，也加重了融资市场的失衡和政府监管的难度。

综观境外对民间融资的法律规制实践，无论是美国信用社的发展，抑或是日本的轮转基金组织转化为互助银行，最终转变为普通商业银行，更或是我国台湾地区将合会入“债法”，确定要式契约治理模式，无不体现了法律规制的正面引导作用。

反观我国，目前尚未有一部专门民间融资的法律。即使是早在 2008 年年底就已起草完毕，且已提交给国务院法制办的《放贷人条例》，至今已有 8 年时间，仍然未有通过的信息。2007 年 3 月，中国人民银行成立了《中国〈放贷人条例〉立法研究》课题组，并选择广东、浙江、山西等地作为样本地区，对国内中小企业的民间借贷及小额公司进行了调研，[①]初拟了《放贷人条例(草案)》，递交国务院审批，让民间融资的阳光化变得现实可行，并透露出符合条件的个人和企业在经过认证、获批后即可放贷的重要信息。然而，由于在放贷人资格准入、贷款利率、企业融资界定等方面，各方仍存在较大争议，《放贷人条例》至今未能出台。也许《鄂尔多斯市规范民间借贷暂行办法》是《放贷人条例》出台的前奏，以检验《放贷人条例》草案的可行性。

三、在诸多层次已有的规范体系中，存在多处矛盾及立法空白

由于缺乏统一的民间金融法，现行的民间融资相关法律法规条款散见于众多法律规范之中，造成不同法律法规之间存在冲突现象，通常表现为上位法与下位法之间规定不一致。

如《合同法》与有关行政法规之间的冲突。《合同法》与《非法金融机构和非法金融业务活动取缔办法》之间存在冲突。《合同法》明确规定合法的民间借贷行为受法律保护，最高人民法院在有关司法解释中确认了民间借贷利息在不高于银行同期贷款利率四倍的范围都受法律保护；确认了公民与非金融企业之间的借贷属于民间借贷，只要双方当事人意思表示真实即可认定有效。因此，约定有息借贷但不超越司法解释所定范围的高利借贷并不违法，而2004年1月，我国进一步扩大金融机构贷款利率浮动区间，并且于10月29日放开了商业银行贷款利率上限、存款利率下限，使这个解释也就无效。一个企业向一个公民或者多个公民借贷也属于合法

① 参见刘兴成：《法律何时为民间借贷松绑》，载《法人》2009年第4期。

民间借贷。但这样的合法民事行为在《非法金融机构和非法金融业务活动取缔办法》中就有可能变成非法金融业务活动,并将承担罚款的行政法律责任。

例如,《商业银行法》第 81 条及《刑法》第 176 条规定了"非法吸收公众存款罪",但何为公众?何为公开宣传?学界存在很大分歧。借款给本企业的职工及亲友,算不算公众?口口相传式借贷是否属于公开宣传?融入资金的对象是否应该作为入罪的充分条件?再如,对于企业不同的融资行为,法律是否应分类定性?企业向亲友的无息借贷,是否应纳入非正规融资专门法的规制?母子公司之间的拆借是作为民事借贷放开还是作为商事借贷严加监管?这些问题,现有的规范都未能给出清晰给力的回答。

《民间借贷司法解释》自 2015 年 9 月 1 日起施行。其中,第 25 条规定,借贷双方没有约定利息,出借人主张支付借期内利息的,人民法院不予支持。自然人之间借贷对利息约定不明,出借人主张支付利息的,人民法院不予支持。除自然人之间借贷的外,借贷双方对借贷利息约定不明,出借人主张利息的,人民法院应当结合民间借贷合同的内容,并根据当地或者当事人的交易方式、交易习惯、市场利率等因素确定利息。

第 26 条规定,借贷双方约定的利率未超过年利率 24%,出借人请求借款人按照约定的利率支付利息的,人民法院应予支持。借贷双方约定的利率超过年利率 36%,超过部分的利息约定无效。借款人请求出借人返还已支付的超过年利率 36% 部分的利息的,人民法院应予支持。新的利率规定对民间借贷的司法保护范围划定了年利率 24% 和 36% 两条"红线","这使得司法裁判标准更加量化”，并将企业间为生产经营需要而相互拆借资金纳入保护范围。但在实践中，也存在诸多操作层面的问题。

四、中小企业民间融资监管法律滞后，加剧了金融风险

高风险性是金融行业与生俱来的特性，民间融资作为金融市场的一部分，其风险之高不言而喻。但我国民间融资监管体系尚未建立，市场准入、退出制度也处于空白。

第一，缺乏有效明确的民间融资监管制度。在对中小企业进行民间融资法律补偿的同时，高效实际的金融体系尤为重要，区分民间融资的组成，打击黑色金融，为民间金融发展做好安全保障。美国是一个金融市场和金融中介机构高度发达的国家，作为美国民间金融的重要组成部分，信用社的监管体系逐步得到完善。美国信用社的监管现由独立的信用社管理局专门负责。美国对农村民间金融的监管具备了较为完备的法律体系，使民间金融的运作有章可循、有法可依。

我国对于中小企业民间融资的监管主体法律现在还没有明文规定。银监会的监管对象和范围主要是商业银行、信用社等吸收公众存款的机构，以及信托投资公司、财务公司及经国务院银行业监督管理机构批准设立的其他金融机构。对民间融资机构并没有明确的监管要求。中小企业民间融资法律处于空白且没有可依照的相关登记、审批手续，实践中绝大多数中小企业民间融资机构未经有关机关的批准。2015 年 1 月 20 日，银监会成立了普惠金融部，负责推进银行业普惠金融工作、融资性担保机构、小贷、网贷等，这也意味着 P2P 划归普惠金融部管理。但是银监会改革后的 23 个部门

仍然没有将民间融资进行全面监管，像合会等民间融资形式仍然没有明确的监管机构。

我国民间金融组织资金实力小，在网点设置、人才吸纳等方面都存在先天不足，决定其在经营活动中存在较大的风险，在无有效监管的情况下，甚至可能出现一些违法行为。然而，目前，我国民间金融应如何规范发展，具体归属于哪个部门对民间金融进行监管，如何对其监督管理，均无具体法律制度可依，民间金融的发展缺乏有效的监督管理，对国家经济金融秩序容易产生不良作用。

第二，缺乏相应的民间融资组织的市场准入和退出机制。对于民商事主体进入民间金融市场，明确的核准条件与完善的退出机制缺一不可。制定严格的市场准入制度将指导民间金融机构规范其组织结构、建立完善的财务制度，引导民间融资审慎进入金融领域。民间融资随意性、隐蔽性较强，如果缺乏相应的市场准入，容易造成金融市场混乱，甚至出现利用小微企业进行非法洗钱的行为。

同时，市场准入制度的缺乏也不利于宏观政策对国家支持性产业与非营利性产业的引导。另外，民间融资在发展壮大的过程中，风险也在不断聚积和暴露。不仅网路融资平台“跑路”声不绝于耳，各种投融资理财公司、非融资性担保公司也纷纷倒闭。这不仅要求市场准入机制的控制，也需要相应退出机制的处理。建立完善的退出机制才能使投资者回归理性，保障相关权益主体的利益。

目前，我国各类民间金融组织和借贷活动产生于人们在生产和生活出现资金困难时，基于异常亲密的乡邻亲友关系，加上血缘和地缘关系而发生的关系型借贷。这样的借贷活动，成了有无共济的义举，并被视为理所当然的行为准则和社会公德。因此，长期以来以互助为目的，以人为信用主体的各类民间金融组织和借贷活动便应运而生，绵延至今而不断。

然而，目前的民间融资实际上是以个人信用为基础的，没有得到国家法律认可的，尚未纳入政府监管范围的金融形式，缺乏有关民间金融机构设置、撤并、破产、清算方面的制度，对于某一民间金融组织是否该设立，可否设立，没有明确的界定标准。对于某一民间金融组织是否该撤销或宣布破产，该撤销或宣布破产的机构又该如何清偿债权债务，目前均没有统一的规章制度可供执行。由于缺乏有效的市场准入和退出制度，易导致民间金融鱼龙混杂。

第三，缺乏相应的风险规避和安全保障制度。我国民间金融大多缺乏正规的组织形式、良好的运作机制、有效的约束机制和风险控制机制，具有非正式、不规范、高风险等特征。随着民间融资范围的不断扩大、风险不断累积，参与人数的增加，民间金融组织的血缘、地缘关系随着融资规模和地缘关系不断被突破，大大降低了民间金融的效率。然而，我国民间融资的发展缺乏有效的风险规避和安全保障制度，一些非法金融组织从事着大量的非法交易，对国民经济的发展造成巨大的危害，特别是以变相公募的方式进行的私募使大量的资金没有纳入政府管理范围，形成资金暗流，潜伏着巨大的金融风险，造成了大量的税收流失，并严重影响了宏观调控的政策效果。

同时一些储户已经习惯政府不会让银行倒闭的做法，出于安全性考虑，储户可能会放弃民间融资而选择正规金融，这会影响民间金融的业务发展。所以建立一个科学可行的民间金融存款保险体系是非常有必要的，以此来保护储户的利益和增加对民间金融的信心，也是民间金融实行市场化退出，防范社会风险的必要制度保障。

第四，信用担保机制不完善。信用担保体系的健全可以更好地促进中小企业民间融资的实现。中小企业民间融资往往具有信用体系单一的特点，信用担保体系为我国中小企业从民间融资渠道获取资金支持提供了另一层保障。

此外，信用担保体系也可以为民间融资机构分担风险，使民间融资机构可以更加放心大胆地将资本注入中小企业。近年来，尽管我国担保机构的数量急速增长，但是仍然不能满足我国中小企业民间融资的需求。究其原因，是因为我国信用担保体系的不健全，担保机构发展不平衡。由于信用担保方面专门立法的缺失，信用担保机构能够参照的法律为《担保法》。但是却没有相应的担保机构的实施细则，也缺乏全面的法律解释。信用担保机构缺乏相应的规范与引导，体制不健全，征信体制建立不全面，使民间融资难以对其产生信任，无法发挥对中小企业的担保作用。

同时，我国法律对信用担保机构在市场准入制度方面也没有相应的规范，以致担保机构在发展中存在许多问题。我国信用担保机构起步晚，在政策号召下呈现爆发式增长，前期发展具有盲目性，许多信用担保机构仍存在担保资金不足，缺乏专业人才、担保制度不规范的问题。我国信用担保机构数量众多，但是能为小微企业提供担保的没有占到多数。信用担保机构缺乏规范的运作模式，大多采用会员制，以缴纳会费的方式对中小企业进行担保，无形中也增加了中小企业的融资成本。而许多中小企业往往没有按时缴纳会费的能力，无法通过信用担保机构取得担保。

另外，信用担保机构没有建立中小企业信用评价体系，没有建立信用共享机制，不能及时有效地评价中小企业的信用等级。我国信用担保体系中也缺乏有效的再担保机制，信用风险全部由担保机构承担，风险扩散能力不足。

综上所述，从我国目前的法制现状来看，《合同法》《最高人民法院关于如何确认公民与企业之间借贷行为效力的批复》等，只对民间借贷问题作出简单的规定。在金融法领域，《中国人民银行法》《商业银行法》《银行业监督管理法》均不涉及民间借贷。而当前与民间借贷相关的规范性法律文件《非法金融机构和非法金融业务活动取缔办法》《金融机构管理规定》等主要是国务院的行政法规和中国人民银行颁布的部门规章、办法。可以说，目前现存的法律文件中对于任何“合会”等互助形式的金融组织还是专门洗黑钱的地下钱庄以及大部分民间金融均被列为取缔之列。

在合作金融法律规范方面，我国与世界合作金融发展好的国家的情形完全不同。与世界合作金融发展完善的国家相比，我们可以看出，他们都从立法的角度对信用合作的性质、特征、机构设立、组织管理、监管等及时作出法律规定，如美国、德国、法国、荷兰、日本以及韩国等国都是如此。这些国家都在信用合作建立的初期就出台了有关法律。我国农村信用社从确立之初，就指出要发展合作金融，然而《合作金融法》至今缺位。同时，我国中小企业民间融资法律体系中监管主体不明确，监管效率弱，担保机制不完善。

从以上分析可以看出，我国民间金融立法的实践远远落后于西方发达国家，我国现行法律不管是刑法、经济与行政法还是民法的相关规定，对民间金融的发展态度都在一定程度上是抑制性的，很不利于民间金融的发展。

第三节　新型中小企业民间融资法律补偿机制的建构

目前我国中小企业已超过1000万家，占全部注册企业的99%。其创造的最终产品和服务的价值占国内生产总值的比重超过50%，创造的税收占全国税收的43%，提供的出口占60%，解决了全国75%以上的就业问题。[①] 中小企业是国民经济中重要的有生力量，是地方经济发展中最具有活力和发展后劲的群体。因而中小企业在国民经济中占有不容小觑的强势地位。

然而，与此种强势地位不匹配的是，中小企业在融资中屡遭挫败，融资缺口已成为其发展的扼喉瓶颈。据统计，全国50%的中小企业向银行所融资金不足企业资金需求的25%、36.7%的中小企业向银行所融资金占企业资金需求的25%～50%，仅有13.4%的中小企业获得的银行贷款占企业资金需求的50%～100%。可见，近九成的中小企业向银行融资只能满足其资金需求的一半，资金缺口很大。排除我国融资担保体系不完善、融资市场信息不对称等因素外，中小企业融资缺乏政策法规支持，以及应有的法律倾斜和补偿，是造成融资难题的重要宏观因素。

基于中小企业不可抑制的内生性融资需求和正规融资缺失的现实，以及民间融资已成为企业解决资金不足主要渠道的角色定位，我国目前立法重点和规则设计应定位于民间融资法律问题的解

---

① 马凯：《在APEC中小企业技术交流暨展览会上的演讲》，载http://tech.sina.com.cn/focus/2009APECHZ/，最后访问日期：2012年3月19日。

决，厘清民间融资之于中小企业的适用性，并在法律制度中很好地体现这种适用性，从而从立法层面实现对中小企业“强位弱势”融资地位的补偿。

法律补偿机制应一改过去“围追堵截”的立法理念，通过对民间融资法律概念的界定、企业融资行为性质的厘清、合法民间融资内涵与外延的明晰，有助于保护合法合理民间融资的存在，遏制灰色、黑色金融体系的危害，减少企业融资的市场风险；对非法集资和合法融资进行法律界定，明晰非法吸收公众存款罪的犯罪构成，有益于避免孙大午案、吴英案的悲剧重演；同时对企业的融资行为提供了政策法律依据，既可以满足企业的融资需求，也使社会上的闲散资金得以汇聚，满足投资者的投资欲望，有利于政府金融监管的有序实施与和谐金融的实现。

具体而言，中小企业法律补偿机制的实现有赖于以下理念与制度的协调构建。

一、立法理念的更新：公平性、补偿性立法

金融监管的传统理念是安全、稳健、有效的，我国现有的金融法律体制并没有充分考虑民间融资的客观需要，而是以国家效用函数为基点，希望将居民与企业资金集中于正规金融体系内，保持对金融体系的有效控制机制。立法过分强调“管制”，着重从外源角度，抑制打压民间融资的实践。

这种法律规制目标及制度设计并不能实现金融监管的安全、效率、自由的价值目标，易造成自由与公平的丧失，并不符合民间融资规制现实需求，更不利于民间融资的规范化健康运作。正如罗尔斯

在《正义论》中写道：所有价值——自由和机会、收入和财富、自尊的基础——都要平等地分配，除非对其中的一种价值或所有价值的一种不平均分配合乎每一个人的利益。①

因此，对于中小企业民间融资的法律设计，必须重树其理念价值，客观地认识民间金融与正规金融法律规制的区别。以民间金融法律规制的公平价值理念为例，之所以在民间金融法律规制中重点强调公平价值，是基于各类市场主体融资过程中缺乏公平性，故而需要从立法到执法，乃至司法规制层面都应树立公民个人、企业的平等信贷权的理念，形成引导民间金融发展的基石。所以，从不同的角度强调民间金融法律规制的公平、效率、自由、安全理念，并且进一步强调民间金融与正规金融的合作，最终有效地促进社会经济发展，实现社会福利最大化。

长期以来，在以抑制为主导的立法理念下，我国金融资源配置区分城乡、所有制，造成民营中小企业在金融资源配给上的不公平现象。直接融资的高门槛将中小企业拒之于门外，而银行的间接融资的抵押品的要求及授信条件的限制，再次将中小企业挡在门外，在各方融资无路的情况下，大量的中小企业将融资对象锁定于民间融资。

但法律制度的压制，又使民间融资不得不在“地下”运转。这种金融体制现状无论是对于民间融资本身，抑或是对于资金需求者而言都相当不公平，使中小企业与大型企业、农村与城市不在同一起跑线上发展，并没有公平竞争的环境，同样民间融资与正规金融也

① 参见[美]约翰·罗尔斯：《正义论》，何怀宏、何包钢译，中国社会科学出版社1988年版，第62页。

不在同一起跑线上，并无机会平等可言。为此，要引导民间融资健康发展，必须树立公平信贷权理念、平等参与金融活动的理念，增加对民间自治权的容忍。

民间金融法律规制理念的转变，不仅是有效地配置金融资源，更是公平地配置金融资源与金融权利资源，使每一经济主体都能平等地参与金融活动。政府作为公共产品的提供者，先应该提供普适性的制度，有责任对现有倾斜性的金融体制加以矫正，考虑各类金融投资者、消费者及各种金融组织的利益，通过法律规范引导金融资源公平配置。在罗尔斯看来，正义是用来分配公民的基本权利和义务、划分由社会合作产生的利益和负担的主要制度；人们的不同生活前景受到人们出生伊始所具有的不平等的社会地位和自然禀赋的影响，且是个人无法选择的，但作为正义的法律，不应该为每个人设置不同的起跑线，应当平等地分配各项权利与义务。作为金融市场主体，同样应具备平等的参与权，而不是厚此薄彼。

如果没有公平理念，对于我们大力发展的征信系统都存在阻碍之力。笔者在进行民间金融实地调研的过程中，发现原本从理论上希望小额贷款公司等新型金融组织也应进入中国人民银行信用体系，以便金融机构可以互享企业信息，但事实并非如此，小贷公司并不愿意加入人民银行的信用体系，原因在于大型商业银行一旦发现企业有从小贷公司借贷的事实，立即停止发放贷款，这对于企业而言无疑是堵死了正规金融机构融资的渠道，故小贷公司出于其客户利益考虑，不愿加入该信用体系。因此，需要自上而下的公平理念深入金融监管者、正规金融机构，从体制上彻底改变这种不利于中小企业、民间融资的法律规制理念，彰显法律的公平、正义价值。

综上所述，中小企业民间融资的法律设计必须重视公平理念，从补偿性的内生角度，建立“公平的正义”的法律制度，给予中小企业应有而未有的补偿，自上而下的树立公平信贷权理念、平等参与金融活动的理念，从而以此为基础重新构建民间融资的法律体系。

二、专门法的出台：《放贷人条例》

为解决专门法的缺失和诸多法律矛盾，立法补偿的当务之急，是将《放贷人条例》（四稿）尽快通过，早日出台，以保障资金者的放贷权利，维护合法的借贷秩序，使民间借贷的合法性得以确认。对于草稿中的争议和焦点问题，可以借鉴日本的《赁金法》、香港地区的《放债人条例》，进行必要整合修改：

第一，建立商事性借贷主体准入制度。对进入市场的职业放贷人，进行资金能力、信用资质的测评，并通过设置注册资金的方式来限定主体范围。具体注册资本额，可以参照《关于小额贷款公司试点的指导意见》中的规定，有限责任公司类的小额贷款公司的注册资本不得低于500万元，股份有限公司类的小额贷款公司的注册资本不得低于1000万元。这样的高门槛可以过滤一些不合资格的放贷人进入这种风险行业，也为整个金融安全网的构建提供了屏障。

第二，区别对待企业之间的借贷行为。从性质来看，企业之间借贷的性质比较特殊，作为放贷人的企业并不是专门从事此项业务的主体，一般只是因与借款企业存在业务往来或者关联关系而发生借贷，借贷行为既超越了民事性民间借贷的范畴，但又不完全属于营业性质的商事民间借贷，而是介入民事性质与商事性质之间。针对这一特征，立法上应当采取特别规范的方式，既不应像对待民事性民间借贷那样完全放开，也不应像对待商事性民间借贷那样设立准入门槛，而应分类定性，区别对待。可以参考美国纽约州《放债人法》的做法，将个人和企业偶尔的借贷行为排除在商事行为之列，不需要申领放债人牌照。

第三，明确“非法吸收公众存款罪”与民间借贷的界限，规范企业融资渠道。针对“公众”“公开宣传”等模糊法律表述，建议有关立法及法律适用机构应结合筹款目的界定非法吸收公众存款行为，对于民间借贷经营者向不特定对象吸收资金从事发放贷款、买卖证券、融资租赁等专属金融业务，纳入“非法吸收公众存款”的范畴，对于企业确因生产经营需要的借贷应归入合法的民间借贷，避免因打击面过宽而累及合法的民间借贷。①

三、关键法的细化：以《中小企业促进法》为核心，厘清中小企业管理机制

我国《中小企业促进法》的颁布施行，无疑为中小企业健康发展起到了保障和促进作用。但不容回避的是，中小企业立法工作远远落后于国民经济状况和中小企业的发展现实。现行的《中小企业促进法》和各省的实施办法多是原则性条款，缺乏具体的实施细则，亟待修订和细化。

第一，细化中小企业融资规定。对其中的民间融资活动制定详细的法律规定，鼓励中小企业利用合法的民间融资途径融资，有效利用民间资本实现自身发展。

① 岳彩申：《民间借贷规制的重点及立法建议》，载《中国法学》2011 年第 5 期。

第二,厘清中小企业管理机制。如前文所述,美国、德国和日本都成立了类似中小企业管理局、中小企业厅这样的政府专门机构促进中小企业发展,帮助中小企业获取资金支持解决融资困难问题。而我国的《中小企业促进法》只是规定"国务院负责企业工作的部门组织实施国家中小企业政策和规则,对全国中小企业工作进行综合协调、指导和服务"。我国各地有中小企业局、中小企业处等部门,但是并没有一个统一的机构来管理。导致中小企业局、中小企业处并不能够充分发挥作用来扶持中小企业。通过完善《中小企业促进法》中的相关规定,建立健全中小企业管理机构,厘清管理机制,以期能够为中小企业的融资提供良好的机构设置和制度保障。

四、监管法的确立:健全监管机构和体制

通过监管立法,确立专门性的监管机构,有效的监管体制,实行差别化的监管制度,以实现中小企业民间融资的高效安全进行。

第一,建立专门性的监管机构。按照国务院于 1998 年颁布的《非法金融机构和非法金融业务活动取缔办法》中规定:人民银行是我国民间融资的监管机构。2003 年全国人大通过的《银行业监督管理法》将监管权赋予了银监会。吸收国外发达地区的民间金融监管经验,我国应当建立专门性的监管机构。依据我国香港地区《放债人条例》的相关规定:香港设有专门的放债人注册处对民间放债行为进行监管;放债人注册处处长由公职人员担任,主要负责放债人资格的审查、管理和牌照的发放;放债人在提出申请时除提交必要的材料外,还要经过警务处处长的调查。我国监管机构的设立可以参考其经验,在银监会设立民间金融监管专门机构,并在各省市

地方设立相应的第二级和第三级民间金融监管机构，从而建立从中央到地方的监管机构组织网络。

第二，落实具体监管制度和配套措施。准入制度对于需要进行政府机构监管的民间融资活动，民间金融主体必须依申请，并且经过监管机构审查通过并进行登记才能进入民间融资市场从事相关民间融资活动。相应的金融监管部门可以充分利用人民银行的征信系统等信息系统，对申请者包括信用记录在内的相关信息进行审查，以保证那些不遵纪守法、信用记录差的民间金融主体被排除在外，保证民间融资活动参与者的利益。具体要做到以下制度的配套：

1. 培训制度。吸收国外民间监管机构的成功经验，有必要在各级监管机构中建立培训制度、成立专门的培训部门，内容是为民间金融主体提供职业培训和相应的管理技术支持，目的是促进民间金融主体的良好发展，以解决中小企业融资难题。

2. 信息支持制度。信息的缺乏是民间融资困难的重要阻碍之一，随着互联网技术的迅速发展，我国的社会经济发展已经进入信息时代。设立民间借贷和民间融资的交易平台可以方便民间融资的双方找到需要的信息，实现中小企业和民间金融机构间的信息对接，从而大大提高中小企业民间融资的效率和安全性。类似温州民间借贷登记服务中心这样的试点应当进行推广。

五、担保法律机制的加强：实现中小企业补偿机制的关键

近年来，我国的中小企业担保机构发展迅速，但也还存在许多问题和不足，尤其是法律规范的欠缺使我国中小企业担保机构作用

还不能充分发挥。国际上中小企业发展比较好的国家都非常重视对中小企业担保机构的立法，比如日本的《中小企业信用担保协会法》通过法律的形式明确中小企业信用担保机构的地位并对实务中的操作规范进行了规定。我国包括《中小企业促进法》在内都仅是对信用担保机构的建设进行了原则性的规定，对有关问题一直没有更具体的规定，中小企业的信用担保机构行业准入、行业管理、业务规范等均处于真空状态，担保机构的后续风险补偿资金的投入机制未建立，结合中小企业特点的信用评级制度有待建立。这都需要有关中小企业担保的法律法规进一步完善。

综上可见，从法律补偿的角度，在用法律规制中小企业民间融资活动的同时，必须重构法律理念，从补偿性的内生角度，建立“公平正义”的法律制度。并从完善中小企业民间融资相关法律法规、构建监管法律制度措施和完善中小企业民间融资担保制度等方面着手。以支持和引导中小企业民间融资在合乎法律法规和合理控制风险的制度框架下进行，充分释放民间融资在解决中小企业融资困难问题中的巨大潜能。同时，通过制度的模式性优点来克服民间融资随意性、盲目性的缺陷，以控制金融风险的发生和保障资金方的权益，使其对正处在转型期的金融领域产生积极的促进和规范作用。

第三章　中小企业民间融资司法补偿机制

民间融资在弥补正规金融机构信贷不足,对中小企业融资起到拾遗补阙正面作用的同时,基于其具有的市场性、自发性等特性,也容易引发借贷纠纷。特别是金融危机后,我国产品出口压力增大,中小企业经营发展的形势趋于严峻,很多中小企业倒闭,资金链断裂,导致民间融资案件激增。

据最高人民法院的一组数据显示,2008 年以前,全国法院受理民间借贷纠纷案件数量相对平稳,2008 年之后案件量开始大幅上升。2012 年全国收案 747809 件,比 2008 年的 488301 件上升 53.15%,占当年民事一审案件的 10.22%,占各类借款合同的 58.48%。在 2008 ~2012 年这五年间,全国法院审理民间借贷案件结案标的额分别达到613.43 亿元、834.01 亿元、827.26 亿元、

1143.88亿元和2201.2亿元。[①] 近年来，民间借贷案件已经成为继婚姻家庭和道路交通事故损害赔偿之后的第三大民事案件类型。[②] 数量庞大的借贷行为固然是导致大量的民间借贷纠纷最后走向司法程序的原因之一，但是，当大量的纠纷涌向“正义的最后一道防线”来寻求庇护时，也说明了司法程序之前的纠纷解决机制面对民间借贷纠纷的失效。“民间借贷纠纷案件数量持续高位运行，标的越来越大，表明民间借贷高发、失范等问题仍未从根本上解决”[③]。

在司法实践中，基于民间借贷案件的性质，其存在诸多问题，如案件事实认定的难度较大，在适用证据规则上，较易忽视举证责任的分配，被告经常缺席，案件执行到位率底等。因而本书在梳理了立法层面的补偿机制之后，将致力于破解司法层面的困境，构建符合我国实践又紧跟世界趋势的司法补偿机制。这些问题也是本章将要展开的内容。

第一节　中小企业民间融资案件的司法现状：基于镇宁县和桂林市的实证研究

民间融资以“地缘、血缘、亲缘”关系为基础，具有“人格化金融”的特点，以“熟人关系”作为交易及契约执行的根本。因而，不

① 佟季：《对全国法院近五年审理民间借贷案件的数据分析》，载《法制日报》2014年2月19日，第9版。

② 王林清：《民间借贷的司法应对：访最高人民法院民一庭庭长张勇健》，载《中国审判》2013年第3期。

③ 程金华：《四倍利率的司法实践和重构：利用实证研究解决规范问题的学术尝试》，载《中外法学》2015年第3期。

同地域的中小企业的民间融资行为，不可避免地带有地域文化和民族文化特性。因而为了研究的客观性和全面性，本书的实证样本不仅囊括浙江省、广东省经济发达地区的中小企业，还包括贵州省、广西壮族自治区等经济欠发达地区的中小企业。以期考察在缺乏融资传统的地区，如何通过法律机制促进民间融资的和谐发展，如何实现民族地区民间惯例与借贷法规的有效衔接，引导中小企业民间融资活动的健康和协调发展。

一、贵州省镇宁县人民法院中小企业民间融资案件的司法现状

笔者通过对贵州省安顺市镇宁县2010～2012年以来民间借贷纠纷案件进行了调查统计，并以此为基础进行详细剖析探讨。

（一）民间借贷案件数量上升趋势明显

表3－1 镇宁县人民法院受理民间借贷纠纷案件情况

年份	民间借贷案件数量（件）	民事案件受理总数（件）	前者占后者比例
2010年	502	2134	23.5%
2011年	558	2166	25.7%
2012年	601	1988	30.2%

由表3－1可见，镇宁县人民法院2010～2012年间的中小企业民间借贷纠纷案件数量呈现递增的趋势。其中，2010年502件、2011年558件、2012年达到601件，每年以年均50件的速度上升。这样的上升速度已经使其成为民事纠纷中，案件数量增长最快的案件。其已经成为社会纠纷的主要矛盾来源，更是法院工作面临的难题之一。从民事案件受理数量上看，2010年2134件、2011年2166件、2012年1988件，从这几年的民事案件受理数量可以看出，镇

宁县民事案件呈现持平的趋势,并无增长迹象,反而2011～2012年还表现出略微下降的趋势。这说明民间纠纷在社会相对稳定的前提下,呈现一个固定化的趋势。

在这样的前提条件下,民间借贷纠纷却与之相反呈现一个递增的趋势。从民间借贷案件数量占民事案件数量的比例来看,2010年为23.5%,2011年为25.7%,2012年为30.2%,民间借贷纠纷案件的数量占民事案件受理的数量逐年增加,且增加的幅度越来越大,2010～2011年所占比例差为2.2,2011～2012年所占比例差为4.5,所占比例增加的幅度为前一年的两倍。这一增长幅度与民间借贷纠纷数量的增长幅度呈现一个对应的关系,且增长幅度逐年增加,这不得不引起人们对民间融资纠纷的重视。

（二）民事案件转刑事案件为数不多

表3－2　镇宁县人民法院民间借贷纠纷案件立案后民转刑的情况

年份	民间借贷纠纷转刑数量(件)	民事案件民转刑数量(件)	前者占后者比例
2010年	1	5	20.00%
2011年	0	4	0.00%
2012年	0	6	0.00%

由表3－2可见,镇宁县人民法院2010～2012年间的民事案件立案后民转刑数量基本持平。从表中看出2010年5件、2011年4件、2012年达到6件,根据相关司法解释规定,人民法院审理经济纠纷案件时,发现有经济犯罪嫌疑的,应当裁定驳回起诉并移送有关机关处理。但在民事案件的审理过程中,法院经审理发现经济犯罪或当事人主张涉嫌经济犯罪的,法院将案件移送公安机关时经常出

现推诿的情形。

从民间借贷纠纷转刑上看，2010 年 1 件、2011 年和 2012 年并没有发生民转刑的情况，由于民间借贷的随意性、无序性，导致民间借贷案件的事实认定成为难点，现今大量由于借贷纠纷而引发的诈骗等经济类刑事案件和民事的借贷法律关系形成交叉。由于法律没有这方面的明确规定，导致法院在处理此类案件时，实体认定上和程序处理上都难以协调，在司法实践中难以做到法律适用的统一。

（三）传统借贷为主，新形式借贷剧增

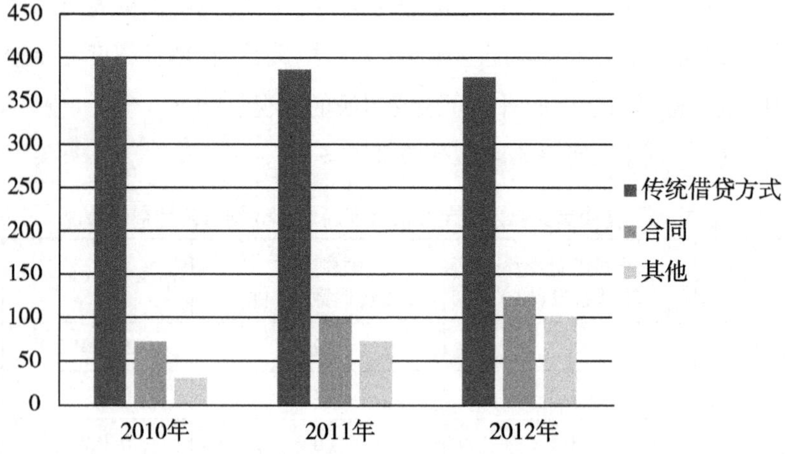

图 3－1　镇宁县人民法院审理民间借贷案件立案的分类（借贷、合同、其他）

从图 3－1 来看，镇宁县人民法院 2010～2012 年间的民间借贷案件立案时以传统的借贷纠纷为主，但呈现逐年递减的趋势，其中 2010 年 400 件、2011 年 386 件、2012 年 377 件。总体上看借贷纠纷立案的数量呈现一个下行的趋势，这并不与借贷纠纷上升的趋势相违背，而是将这一纠纷以其他案件形式出现。

同时,民间借贷纠纷案件立案时以合同为主要方式的数量呈现递增的趋势:2010 年 72 件、2011 年 99 件、2012 年 123 件,每年以年均 20 多件的速度增长,这部分主要是以非借款合同的形式掩盖其借款的目的,最终的处理方式也是按照借款的处理方式处理。由于经济的发展,法律规定滞后性等特点,以其他形式掩盖借款的目的案件也层出不穷。从上图来看,以其他名目立案的民间借贷案件,其数量呈现急剧上升的趋势,其中 2010 年 30 件、2011 年 73 件、2012 年 101 件,每年以年均 35 件的速度增长。

由以上数据可以看出,随着市场经济发展的不断深入,人民的收入不断增加,由于空闲资产的增多,投资意识也随之增强。但由于整个社会的诚信力持续下降,人们需要利用法律来维护自己的合法权益,故以合同为主要方式的案件呈现递增趋势;其他方式主要表现为自然人与企业、企业与企业之间的合股投资、入股等形式。这是由于懂得投资理念的人,需要大量资金的融入,但是其没有足够的信赖利益通过借款筹集资金,同时也通过这一手段降低自身投资的风险,将风险转移到普通投资者身上。随着经济的发展,这一形式的集资方式还会增加,由此引发的案件将会成为法院工作中的重点。

(四)调解为主,判决为辅

从图 3-2 来看,镇宁县人民法院 2010~2012 年间的民间借贷纠纷案件判决数 2010 年 186 件、2011 年 218 件、2012 年 233 件,分别占民间借贷纠纷案件的 37.05%、39.06%、38.76%。而民间借贷纠纷案件调撤数为 2010 年 316 件、2011 年 340 件、2012 年 368 件,分别占民间借贷纠纷案件的 62.95%、60.94%、61.24%。

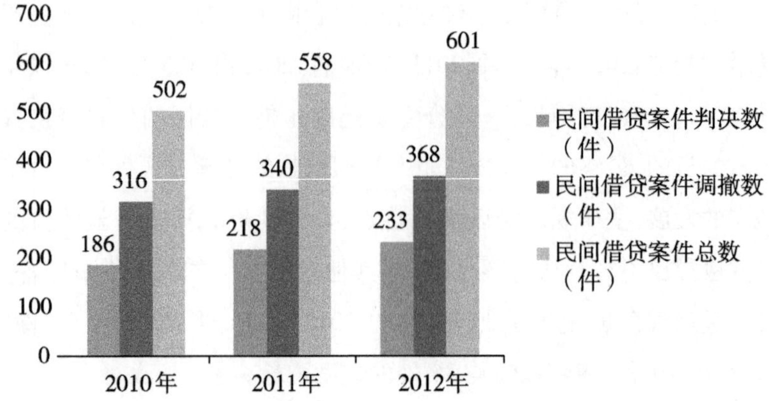

图 3－2　镇宁县人民法院民间借贷案件的处理方式

由上述数据可知，近几年来民间借贷纠纷案件大部分通过调解、撤诉的方式予以处理。其主要原因是民间借贷案件以传统民间借贷为主，双方当事人大多为熟人社会中的成员；另外民间借贷纠纷的最终目的是债权的实现，在双方都比较熟悉彼此的状况时，纠

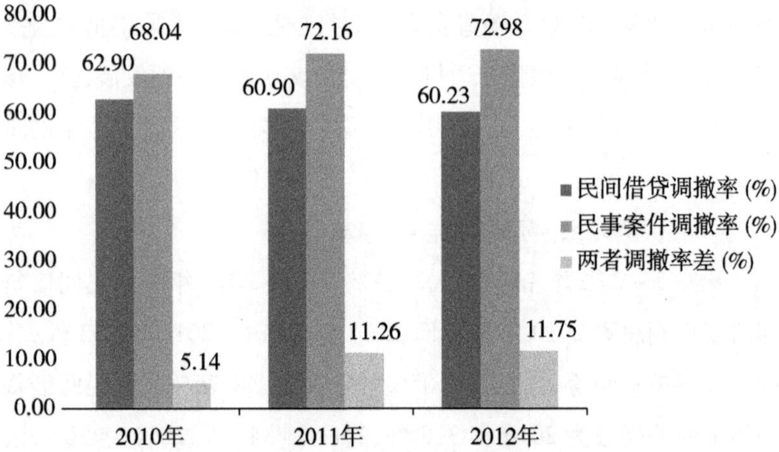

图 3－3　镇宁县人民法院民间借贷案件的调撤率

纷的解决相对比较容易。市场经济的发展,新型经济理念和经营方式的引入,导致其他方式的借贷形式的出现,这在以前的司法实践工作中较少出现,在处理方式上尚未形成体系,较难处理。所以,新型案件的增加是判决案件小幅增加的主要原因。

同时,通过图 3－3 可以看出,在 2010～2012 年间,镇宁县人民法院的民事案件调撤率分别为 2010 年 68.04%、2011 年 72.16%、2012 年 72.98%,总体呈现一个略微上升的趋势,但民间借贷案件的调撤率分别为 2010 年 62.9%、2011 年 60.9%、2012 年 60.23%,呈现出与总体数据相背离的趋势。

为了更明显地观察到这一差别,可以通过 2010～2012 年间,民事案件调撤率与民间借贷纠纷案件调撤率差进行对比分析。2010～2012 年间,民事案件调撤率与民间借贷纠纷案件调撤率差分别为 5.14%、11.26%、11.75%。可见,民间借贷案件的调撤率低于民事案件的调撤率,成为民事案件调撤率平稳发展的一个重要因素。这与民间借贷案件的案情和法律关系比较复杂有关,在司法实践中涉案当事人与借款合同的当事人不符,借款人与实际使用人不一致等情形时有出现,增加了案件审理的难度。

(五)第三人涉诉基本稳定

表 3－3　镇宁县人民法院民间借贷案件第三人参加诉讼

年份	第三人参加诉讼案件数(件)	民间借贷案件总数(件)	前者占后者比例(%)
2010 年	155	502	30.80
2011 年	147	558	26.34
2012 年	157	601	26.12

由表3-3可见,镇宁县人民法院2010~2012年间有第三人参加诉讼的民间借贷案件数量为:2010年155件、2011年147件、2012年157件,呈现持平的趋势,并无增长迹象,反而2010年到2011年还表现出略微下降的趋势。说明民间借贷纠纷案件第三人诉讼在社会相对稳定的前提下,呈现固定化的趋势。从上表可知,民间借贷纠纷案件第三人参加诉讼占民间借贷案件总数的比例分别为2010年30.87%、2011年26.34%、2012年26.12%,民间借贷案件第三人参加诉讼所占比例逐年下降。究其原因,主要是随着人们法律意识的增强,传统的民间借贷中的第三人不愿意作为担保人出现在借贷关系中,除非借款方明确要求,否则借款关系中第三方很少出现。

第三人涉诉中以调解为主。镇宁县人民法院民间借贷纠纷案件第三人参加诉讼绝大多数是通过调解结案,2010年150件、2011年142件、2012年151件,分别占第三人参加诉讼总数的96.77%、96.59%、96.79%。其调解率高的主要原因如下:参加诉讼的"第三人"大多是诉讼双方当事人所熟悉的人,法官对具体案件调解相对比较容易,调解中有可以协调的纽带;"第三人"较多出现在传统的民间借贷案件中;"第三人"的介入,使承担责任的主体增加,在调解的选择上多一条可选择的路径,增加调解的可能性。

(六)审判难度增加,由民间借贷纠纷引发的社会问题频发

从镇宁县人民法院近年来的审判实践来看,民间借贷案件裁判难度的增加,主要体现在以下四点:一是开庭传票送达难,传统的电话传达无法联系当事人,邮寄送达地址不详,或债务人躲债故意拒签开庭文书,造成只能公告送达,自登报之起造成审限的延长,浪费

了司法资源，又无法对债权人的权益进行有效保护，也为日后的执行难埋下隐患；二是缺席审理造成借贷关系是否成立的关键事实无法查清，影响案件质量，造成改判率及发回率上升；三是证据认定难，当事人不出庭，仅凭借款收据认定借贷关系，无法形成证据链；四是债务人下落不明使生效判决成为一纸空文，执行遭遇"瓶颈"。债权人打赢了官司却拿不到钱。

二、桂林市法院中小企业民间融资案件的司法现状

（一）基本情况

2006 年 6 月至 2011 年 6 月，桂林市两级人民法院受理民间借贷纠纷案件情况如下：

表 3－4　桂林市两级人民法院受理民间借贷纠纷案件情况

法院	不同年份受理案件数（件）						总计（件）
	2006 年（下）	2007 年	2008 年	2009 年	2010 年	2011 年（上）	
中级法院	65	154	147	117	153	50	686
秀峰法院	42	66	95	142	119	76	540
叠彩法院	0	89	91	139	151	198	668
象山法院	51	111	125	87	205	141	720
七星法院	66	106	131	113	142	147	705
雁山法院	36	61	52	48	42	30	269
阳朔法院	6	1	2	13	1	2	25
临桂法院	28	81	91	150	183	75	608
灵川法院	80	71	73	60	73	77	434
全州法院	45	94	106	139	170	71	625

续表

法院	不同年份受理案件数(件)						总计(件)
	2006年(下)	2007年	2008年	2009年	2010年	2011年(上)	
兴安法院	36	40	57	95	51	76	355
永福法院	69	73	78	81	84	69	454
灌阳法院	16	27	38	49	59	21	210
资源法院	9	13	12	15	8	2	59
平乐法院	42	106	94	111	95	40	488
荔浦法院	40	68	59	67	70	34	338
龙胜法院	5	7	9	11	13	6	51
恭城法院	32	63	59	67	70	34	325
合计(件)	668	1231	1354	1591	1809	1180	7846

由表3-4可知,桂林市两级人民法院民间借贷纠纷案件数自2006年始,呈逐年上升的趋势,涉案标的额增加,并呈现高风险、多形式等特点,尤为突出的是诉讼中是否存在虚假借贷以及借贷中是否含有高利贷难以查实。这体现了随着市场经济的发展和深入,民间闲散资金剩余,在资本利润的最大化目的驱使下,大量民间资金从事借贷行当,但由于手续不规范、程序简单而引发争议。

同时,据中国人民银行桂林支行统计数据,2010年选择桂林辖区的165户企业和750户家庭,采取发放调查问卷的方式进行调查,以掌握桂林辖区民间借贷的现状和发展趋势。剔除不合理数据后,共获得150户企业,716户家庭的数据。调查发现,150户被调查企业中,88户存在民间借贷行为,企业参与率为58.7%,户均借贷金额为128.48万元,监测的户家庭中,536户存在民间借贷行为,参与率为74.9%,户均借贷金额4.5万元。

利率间跨度大,但相对集中。按月利率计算,桂林辖区内民间借贷利率主要集中在5‰~20‰区间内,位于10‰~15‰为80%。家庭民间借贷利率主要集中在2‰~30‰区间内,82.5%的位于10‰~15‰区间内。可见,桂林作为一座中小城市,经济虽不如东部沿海地区发达,但民间借贷也是非常活跃。据统计,从2007年至2011年桂林市两级人民法院受理民间借贷一审案件呈明显增长趋势,共计8041件;诉讼标的总额也从2007年的5123.05万元增长到2011年的19743.59万元。①

(二)案件特点

第一,民间借贷纠纷一般数额较大,还款周期较长,利率不稳定。近年来,由该院受理的民间借贷案件可以看出,借贷的标的、数额不断增大,这是经济发展的必然结果。以七星区人民法院为例,在近5年所审理的件民间借贷案件中,标的在百万元以上的有12件。

第二,借款凭据较为随意。借款凭据的瑕疵较多,要件不全。公司企业借款的,有企业法人签名,没有公司印章;个人借款的,只有借款金额,没有利息及还款期限的规定,而诉讼中,又主张利息的多少及时间的起算等。有的甚至连借据都没有,只能提供有相关牵连的在场人,其证人证言的证明力又较弱。有的虽然签字又捺印,但签字人已故,连带责任还款人对借贷关系不认可,申请对笔迹及指模做鉴定,指模部分又因油印太浓,指纹不清晰,不具备鉴定条

① 刘一粟:《民间借贷纠纷审理实务研究——罗湖区民间借贷纠纷案件的调查报告》,载《人民司法》2011年第3期。

件等。

第三，民间融资纠纷诉讼主体复杂。借款人与出借人以具有较为亲密的亲戚朋友或邻里乡亲等关系的居多。也有通过中介，联系出借人与借款人认识的方式，中介担保公司自成立之初就以牟取暴利为目的，不免会与高利贷混同，以借贷合同的合法形式掩盖非法目的，为获取暴利而放高利贷。很多企业缺少资金以高利贷向他人借款，实际是拆东墙补西墙，最后资金链断裂引发诉讼，桂林市中级人民法院审理的桂林融和房地产开发有限公司借款案、全州县人民法院审理的全州胜亿铁合金有限公司系列借款案等即属于此类案件。

第四，被告缺席已成常态。民间借贷案件，相对而言，案情比较简易，事实比较清楚，但是在审理民间借贷案件中，被告碍于面子或其他原因不出庭应诉较为普遍，并且还存在当事人外出躲债，并对应诉文书拒收的情况，导致文书送达只能以公告送达实行、开庭也就相应只能缺席审理和判决。这种情况造成债务人下落不明势必造成执行难。以荔浦县法院为例，近五年来，该院审理的民间借贷案件，其中缺席审理的案件共有210件，结案总数的34%，而且呈现出上升趋势。

第五，以调解或撤诉结案的案件较多。以灌阳县人民法院为例：2013年下半年收案16件，其中调解5件、撤诉3件、判决8件；2014年收案27件，其中调解13件、撤诉6件、判决19件；2015年收案49件，其中调解20件、撤诉11件、判决18件；2016年收案59件，其中调解19件、撤诉9件、判决31件。

第六，类型案件交叉存在。在当前所收案件中，发现案件类型界限相对于以前而言不再那么单一和明确，不同类型的案件有不同的现象。表现最为明显的是不同民事案件的不同，如民间借贷和商品房买卖、民间借贷纠纷和合伙合同案件，以及民事与刑事案件的转化，如民间借贷案件与高利贷掺杂，以合法形式掩盖非法目的，借贷合同仅为高利贷合同的担保，还有涉及金融诈骗及黑社会性质案件等。这类案件的审理由于案情较为复杂，标的物不单一，诉讼双方争议较大，证据也有造假可能，因此审理的难度会加大。

第七，民间借贷风险较多，主体多元化。由于民营中小企业融资比较困难，所以他们不得不进行高风险、高利息的民间借贷。当陷入资金链脱节的困局时，容易引发多米诺骨牌效应，造成群体性诉讼。另外，在实务中，债务人在借了大笔多个债权人及保证人的资金后，携款潜逃的也存在。荔浦县人民法院近几年审理了多个系列借款案，被告都是同一个人，当然也有原告是同一个人的，分别借款给很多人的情况，债权人同一性比较明显。

第二节　中小企业民间融资司法层面的失衡

一、中小企业民间融资司法层面的失衡：七大弊端

（一）罪名认定模糊

与前文所述的立法层面的失衡相伴而生的，还有司法上的偏差和失衡，即由于对某些罪的立法本意存在一定程度的误读，导致司法人员在实际审判时不能准确定性案件，继而适用了错误的罪名。其突出问题之一就是盲目用非法吸收公众存款罪套用大量的非法集资类案件。

1. 以规制间接融资的罪名规制直接融资

规制间接融资的罪名是非法吸收公众存款罪。在我国,1995年5月《商业银行法》首次提出了"非法吸收公众存款"的概念,并且在1998年国务院发布的《非法金融机构和非法金融业务活动取缔办法》中对此进行了明确,依照《取缔办法》,非法吸收公众存款是指未经中国人民银行批准,向社会不特定对象吸收资金,出具凭证,承诺在一定期限内还本付息的活动,所称变相吸收公众存款,是指未经中国人民银行批准,不以吸收公众存款的名义,向社会不特定对象吸收资金,但承诺履行的义务与吸收公众存款性质相同的活动。由此可见,所谓非法吸收公众存款,是指非法从事了只能由合法的商业银行及其他金融机构从事的业务。①

对此《商业银行法》第81条也规定,未经国务院银行业监督管理机构批准,擅自设立商业银行,或者非法吸收公众存款、变相吸收公众存款,构成犯罪的,依法追究刑事责任;并由国务院银行业监督管理机构予以取缔。存款,是指存款人在保留所有权的条件下把资金或货币暂时转让或存储于银行或其他金融机构,或者是说把使用权暂时转让给银行或其他金融机构的资金或货币,是最基本也是最重要的金融行为或活动,同时也是银行最重要的信贷资金来源。存款是一种特殊的集资合同,它有特定的概念权属,并不是说当融资人向公众吸纳资金并承诺给予一定利息的,就一定是"非法吸收公众存款"。

非法吸收公众存款罪之立法初衷,在于保护"吸收存款"这一银

① 参见江琳清:《非法集资类刑民交叉案件审理规则探究》,载《司法改革论评》(第十九辑)。

行最核心的业务,而这又源于银行特殊的资产结构。银行的资产多是固定期限的贷款债权,而银行的负债则主要是流动性极强的活期存款。这造就了银行注定是个脆弱的行业,信用是银行业生存的根本,丧失信用的银行将很快被民众挤兑的浪潮所摧垮,有的时候银行自身的信用和资金实力尚不足以维护稳健运行,又由于银行倒闭可能会出现严重的金融灾难,因而银行信用多由国家担保。另外,设立存款类金融机构有着更多的政策考虑,即使资金募集者有合理的资金需求,也不一定能够满足设立存款类金融机构的条件。①

由上可知,非法吸收公众存款罪的一个当然逻辑是,非法吸收或者变相吸收公众存款,扰乱金融秩序的才成立本罪。只有当行为人非法吸收公众存款,用于货币资本的经营时才能认定为扰乱金融秩序。② 但司法实践处理非法集资的现状是如果能证明行为人具有非法占有目的则适用集资诈骗罪,反之则适用非法吸收公众存款罪。以孙大午案件为例。孙大午向村民集资,虽然也支付高额利息,表面上看属于非法吸收公众存款,但是孙大午将集资所得款项都用于自身企业经营,孙大午与村民订立的只是一般的民间借贷合同,但是法院最后却以非法吸收公众存款罪定罪处罚。此案也引起了人们对民营资本金融环境的思考和忧虑。

合法民间借贷、非法集资与非法吸收公众存款罪三者有一个契合点,都在于向他人吸收资金并且都还本付息。一些地方的司法机关混淆了三者之间的区别,把大量向民间多人借贷的行为都纳入“非法吸收公众存款罪”打击的范围,根本不考虑是合法的民间借贷

① 彭冰:《非法集资活动规制研究》,载《中国法学》2008 年第 4 期。

② 张明楷:《刑法学》,法律出版社 2007 年版,第 584 ~ 585 页。

还是非法集资，这样的界定是不合理的。[①]

2. 以规制诈骗行为的罪名规制集资行为

在民间融资的刑法制裁体系中，各个犯罪所起的功能是不尽相同的。其中集资诈骗罪起着兜底和堵截性的作用，即当非法集资行为超越“聚拢资金为我所用”的目的而蜕变为非法占有的目的，集资诈骗罪就成为维护投资者利益、维护金融安全的最后一道刑法屏障，并且这道屏障是如此的严厉，立法者为此专门设定了死刑这一最严厉的刑罚措施。根据刑法的规定，是否具有非法占有目的，是非法集资罪和非法吸收公众存款罪的最主要区别。

非法占有目的的认定也成为适用集资诈骗罪的主要法律争点。2001 年最高人民法院《全国法院审理金融犯罪案件工作座谈会纪要》对金融诈骗罪中的“非法占有目的”作出了六点规定。尽管司法解释通过刑事推定的方式缓解了非法占有目的的证明窘境，但毋庸置疑，主观目的的证明仍然是一个非常棘手和困难的问题。因而司法实践经常降低证明规格如果行为人非法集资但是无法归还的就认为具有非法占有的目的。

实际上，负债经营是企业运营过程中的常态，不能仅以一时的无法归还而轻率认定具有非法占有目的。例如，浙江吴英非法集资案件中，一审法院认定吴英有 3.8 亿元集资款无法归还，构成非法集资罪。从性质上看，非法集资是违背金融管制秩序的行为，而集资诈骗则是侵犯公民财产权益的犯罪，以集资诈骗罪规制非法集资，恐怕严重背离了立法的本来面目，至少非法集资不等于集资诈

① 参见袁爱华：《民间融资合法化趋势下的非法吸收公众存款罪的立法完善》，载《云南大学学报》（法学版）2010 年第 1 期。

骗是一个基本的常识。①

(二)刑民交叉案件衔接不尽如人意

1. 刑事案件尚未立案时

刑事案件尚未立案,但是已有部分债权人对同一债务人因同一法律事实提起民事诉讼,法院对关联案件高度警觉。但可能此时法院受诉案件还未达到刑事案件立案标准尚未移送公安机关,或者可能已将案件移送公安机关但公安机关还未立案侦查。在这种情况下,又出现了新的债权人以相同的债务人为被告起诉民间借贷纠纷,法院是否立案尚无定论。如果照常立案,很可能和后续的刑事案件相冲突,导致接下来又要进行程序反转,加大工作量;但如果不立案,于法于理又解释不通。实践中,法院一般是正常受理进行审理,在刑事案件立案后,则中止进行中的民事程序。这样不仅浪费了有限的司法资源,而且在刑事判决认定构成犯罪的情况下,已生效的民事法律文书也面临着既判力冲突的矛盾。

笔者建议此种情形可以借鉴采用"预立案"的形式,暂缓处理。"预立案"流程可以这样设计:对于新的起诉正常进行立案登记,但在司法管理系统中不进入分案程序,而进入"预立案案件库",时限设定为6个月。在6个月内,如果公安机关进行了立案,则法院及时将立案的相关材料移送公安机关,民事立案注销。如果6个月后,公安机关还未立案,则"预立案"自动解禁转人民事诉讼分案程序,进入民事审判庭审理。

① 李怀胜:《民间融资的刑法制裁体系及其完善》,载《法学论坛》2011年第3期。

2. 刑事案件已立案

被告人因非法集资涉嫌刑事犯罪,已被公安机关立案侦查,但刑事案件尚未审理终结,未作出刑事判决。此时出现新的当事人以民间借贷纠纷为由欲对涉案被告提起民事诉讼,法院是否应该受理存在分歧。虽然,最高人民法院、最高人民检察院、公安部《关于办理非法集资刑事案件适用法律若干问题的意见》第7条规定对此法院应当不予受理。但实践中对于"同一事实"的认定有异议,缺乏具体操作标准,各地法院处理不一。笔者认为,对于此类起诉,在"同一事实"的认定和操作上应更加具体明确。对刑事侦查尚未涉及部分,当事人可以向公安机关反映,由公安机关补充侦查,再移交检察院。

3. 刑事案件已定罪

被告人已因同一法律事实被生效刑事判决认定为犯罪,对于新债权人以民间借贷纠纷为由提起的诉讼,法院是否应当受理,存在较大分歧。对于刑事案件中已认定的部分进行刑事追缴分配没有异议。但是对于刑事案件中被遗漏的犯罪事实,被害人在事后提起民事诉讼是否受理,各地法院处理的方式不一。有的法院认为,被告人的行为构成犯罪,民间借贷合同无效,民事起诉应当不予受理。有的法院则认为,集资犯罪是涉众型经济犯罪,涉及人数多、借款笔数多是正常的,公安机关不断补充追诉漏罪会造成司法资源的浪费。因此,对该民事起诉应当予以受理。

笔者认为,对于刑事判决中遗漏起诉的部分,当事人在刑事判决之后提起民事诉讼维护自己合法权益是可行的。且对于刑事判决中未涉及追赃或者对涉案事实未作为犯罪认定的部分,被害人以民商事纠纷为由向民事审判庭提起的民事诉讼，法院也可以受理。

4. 刑事追赃后

刑事追赃后，被害人的损失仍不能弥补，在这种情况下，能否另行提起民事诉讼，也存在不同的观点。最高人民法院《关于刑事附带民事诉讼范围问题的规定》第5条规定，经过追缴或者退赔仍不能弥补损失，被害人向人民法院民事审判庭另行提起民事诉讼的，人民法院可以受理。但对于非法集资案件而言，执行却不现实。这类案件进入诉讼程序时大都处于资金链断裂状态，清偿率相当低，法院也无能为力。如果都受理，只会造成司法资源的浪费；但如果不予受理，又极易招致当事人的不满。

对于此类起诉，笔者认为应裁定不予受理。但建议可以加强刑事判决的执行力度，将刑事判决的追缴及责令退赔工作予以明确。同时在立法中增加规定："刑事判决追缴及责令退赔给被害人的款项如果无法执行到位，被害人可以向人民法院申请强制执行。"①如果案件是民事立案在先且采取了诉讼保全，后期刑事判决确认构成刑事犯罪，但刑事追赃未将保全财产纳入的情况下，笔者认为可以继续进行民事案件的审理，对保全的财产进行民事执行。②

（三）诉讼模式缺乏标准，适用混乱

从法律规定及相关司法解释的规定来看，处理刑民交叉案件理论上有三种模式："先刑后民""先民后刑"和"刑民并行"。在司法

① 厦门市中级人民法院课题组：《关于民间借贷案件审理情况的调研报告》，载齐树洁主编：《东南司法评论》（2012年卷），厦门大学出版社2012年版。

② 江琳清：《非法集资类刑民交叉案件审理规则探究》，载《司法改革论评》（第十九辑）。

实践中,“先刑后民”和“刑民并行”模式是使用最多的。但各地法院随意性很大,缺乏统一,“同案不同判”的现象时常发生。笔者认为应规范适用,形成刑、民交叉案件处理的既定模式,在不同情形下分别适用。

1.“刑民并行”模式

(1)刑事案件立案前民事判决已生效

公安机关在对非法集资类案件立案以前,如果涉案的民间借贷纠纷已按普通民间借贷纠纷审结的,即便刑事判决认定构成了非法集资犯罪,民事判决也不受影响,维持其司法既判力。判决生效并已执行的也不再实行执行回转。

(2)存在担保物权时

如果借款人存在担保物权且为连带担保时,为实现担保物权,借款人仅起诉连带担保人要求承担还款责任的,案件可以受理,刑、民并行。法院依法进行审理判决,生效裁判也照常执行。担保人承担担保责任后,可代位作为被害人通过刑事追缴或者责令退赔程序实现其追偿权。

2.“先刑后民”模式

(1)刑事案件尚未立案但有立案可能

刑事案件尚未立案但有立案可能,在法院准备将案件材料移送公安机关或已移送但公安机关尚未立案期间,新的债权人以民间借贷纠纷欲立案的,建议采用“预立案”方式,期限暂定为6个月。如果6个月之内刑事案件立案了,则已立案民事案件依法注销;如果刑事案件未立案,则“预立案”转入民事诉讼程序正常受理。

（2）刑事案件已经立案

如果刑事案件已经立案，涉案当事人的民间借贷纠纷欲立案，直接起诉借款人要求还款的，案件不予受理。已经受理还未审结的案件应中止审理，等待刑事案件作出判决之后再恢复审理。除对实现担保物权或执行担保财产外，案件尚未执结的，应裁定中止执行，等待刑事案件判决结果。申请执行的，应裁定不予受理。

3. “先刑后民”与“刑民并行”的衔接模式

民商事借贷纠纷案件可能涉及经济犯罪嫌疑，法院已将案件材料移送公安机关，在公安机关还未立案期间，新的当事人又以同样案由进行民事立案。若采用“预立案”的处理形式，也就是适用“先刑后民”的处理方式，在 6 个月“预立案”期间，公安机关应该依据调查结果作出是否立案的决定，并及时通知法院。如公安机关在期限内还未立案，则由公安机关说明不立案理由函告人民法院，案件转入民事审理程序依法审理。此后，如果案件再度立案转为刑事提起公诉，则适用“刑民并行”程序，案件分别审理，民事案件不受刑事案件的影响。

4. 补充模式

根据现有法律的规定，非法集资犯罪的被害人不属于可以提起刑事附带民事诉讼的主体。但在实践中，以下几种情况可以通过另行提起民事诉讼对被害人权益予以充分的保护。笔者将其列为补充模式：第一，刑事判决生效后，刑事判决未认定的部分债权，或者实际借款数额高于刑事判决中认定的借款数额部分，债权人有权提起民事诉讼。第二，经刑事判决追缴或者退赔后仍不能实现的债权，借款人对一般保证人有权提起民事诉讼。第三，在侦查、起诉、审理过程中，担保人承担担保责任的，其可以作为被害人通过刑事追缴或者退赔实现追偿权。但如果担保人承担担保责任后，在刑事判决中未被认定的，其有权对债务人提起民事诉讼。

（四）法律文书送达难

民间融资案件，在审理过程中，被告碍于面子或其他原因不出庭应诉较为普遍，并且还存在被告拒签法律应诉文书或外出躲债的情况，这就导致在该类案件中，法院文书送达难的问题。因此，法院多采取间接送达的方式，如公告送达、邮寄送达或电话通知送达，势必会给以后的执行工作带来隐患。

如原告黄某与被告麻某、被告广西某房地产开发有限公司民间借贷纠纷一案。2009 年 7 月 18 日，原告与二被告签订《借款协议》一份，约定：被告麻某自愿向原告借款 50000 元，借款期限为 2009 年 7 月 18 日起至同年 11 月 17 日为止。原告认为被告至今未归还借款，故诉至法院，提出诉请，要求被告归还借款 50000 元及利息，二被告承担连带责任，诉讼费由被告承担。被告麻某为该房产公司法定代表人，该公司所欠数亿元债务，濒临破产。十几个民间借贷案件涌向法院，请求对借贷金额进行偿还。自债权人追债之后，债务人即失踪。法院送达传票由委托代理人代领。二被上诉人提出《借款协议》系被胁迫所写，非其真实意思表示。法院要求出借人本人、法人或者其他组织的有关经办人到庭，陈述款项现金交付的原因、时间、地点、款顶来源、用途等具体事实和经过，并接受对方当事人的质询和法庭的询问。该案法庭于 2012 年 11 月 1 日第一次开庭审理，被告本人没有到庭，因对涉及万元借款是否实际给付问题双方分歧意见较大，故于 2012 年 11 月 13 日安排第二次开庭，要求双方当事人本人到庭参加诉讼。第二次庭审过程中，债务人仍没有到庭。

（五）证据认定难

民间借贷案件的证据认定难在审判中，体现在以下三个方面：

第一，主张债权难。地缘性及亲缘性使民间借贷无借款凭据，多以口头协议；即使有借据，也往往名字与身份证或户口簿记载不符，多以音同或绰号替代，借据上没有借款时间、大小写金额不一致、没有借款用途，或对利息规定不明确及未规定等。第二，由于未收回借据并且出借人亦未出具收据而导致胜诉难。如借款人主张已还清借款，但碍于情面或疏忽未收回借据，出借人不认可该主张且借款人不能提供有效证据加以证明，其诉讼请求无法得到采信。第三，在适用证据规则上，常常忽视举证责任分配的一般规则。司法实践中，在借贷关系事实真伪不明时，相当多的民事判决直接引用《最高人民法院关于民事诉讼证据的若干规定》第2条第2款“没有证据或者证据不足以证明当事人的事实主张的，由负有举证责任的当事人承担不利后果”作为法律依据，判决原告败诉。但实际上该法条仅明确了举证责任中结果责任的含义，并未规定该结果责任为何分配给原告承担，以上处理方法实际上是无因即果。

（六）执行难

债务人因无力偿债而外出躲债，审判和执行难度都较一般案件加大。同时，由于部分该类案件没有担保或担保无效，更使执行工作“雪上加霜”。有的债权人向债务人出借大笔借贷款，不设立担保或保证人，或虽设立，但借款凭据书写不规范，对当事人的责任承担及责还款分担义务不清，导致诉讼举证时遇到麻烦。如上述原告黄某因与被告麻某、被告广西某房地产开发有限公司民间借贷纠纷案，由于被告一审开庭、二审开庭均拒不到庭，法律文书及开庭抗辩一律由委托代理人出面，致使案件关键问题无法查证，判决后由其承担不利后果，也势必造成案件执行难，执行到位率低。[①] 据统计，德州市县两级法院2011年审结的5384件民间借贷纠纷案件中，因被告下落不明而公告送达的2208件，占案件总数的41%。

（七）借款本金与利息难区分难

在民间融资中，为了规避法律法规的硬性规定，借贷人往往采取将利息提前予扣除、多次更新借条计算复利、借款合同既约定逾期利息又约定违约金等方式，来收取非法高利息。从而给案件的审理带来诸多障碍。

第一，在民间融资中，最常见的就是出借方在借款当时就将利息预先扣除，出借人要提前扣除利息，不管借款人是否同意，这都是不合法的。

在普通的民间借贷活动中，通常情况都是借款人求助于资金出借人，在此种借款关系中，双方地位其实是不平等的，借款人的地位处于被动，所出借人往往会利用借款人对资金的迫切需求的处境而提出此项要求，借款人为了尽快得到资金，进行生产经营，只能勉强同意预先扣除利息的要求。即使扣除利息是在借款人的主动要求下实现了，但它也是不公平，不合理的行为。借款人因情况紧急而借款，也不会愿意在本金中先扣除利息，就算表面上同意了也不是借款人真实意思的表示，如果按照借款合同金额，借款人有按约定

① 翁钢粮、林沛等：《民间借贷、金融纠纷案件审理情况的调研报告》，载《人民司法》2009年第17期。

的数额提供款项的义务，假如提前扣除利息，则实际交付的金额小于合同约定的金额，就成了出借人违约。

第二，在较长期限的借贷合同中，借款是一个持续发生的过程，有的两三年，有的甚至长达10年，借款人在此期间连续借款，形成很多份借条，在间隔一段时间后，借贷双方会在一起算账，将之前借款中已归还的本金、利息扣除，剩余的款项及利息，由借款人重新打一张借据，将借条中的本金利息累加且不加区分，作为新的借款凭证。

法院受理的民间借贷纠纷案件，借款人往往最后一次借条为证据向法院起诉，在审理中借款人会提出借条中所载明的款项出借人并没有实际支付，而且其中还有计算高利和复利的情况，但在重新算账更新借条时，借款人已将之前的借条撕毁或交给出借人处理，其手头并没有证据来证明，而在要求出借人举证款项支付情况时，其则会以债务人亲自书写和债务人的自认为由拒绝将以前的借条向法院提交，这对法院在查清借款实事、区分借款本金和利息、是否存在商息和复利的情况设置了很大的障碍。

二、中小企业民间融资司法层面失衡的原因分析：司法个案的透视

存在即为合理，民间融资有其存在的必然性和历史性，民间融资在信用、担保、成本等方面的优势是明显的，其跨空间、跨主体、跨时间配置资源，弥补正规金融的不足，同时缓解了中小企业借贷面临的担保约束，门槛较低，操作简便，小巧灵活，费用较低。但在诸多利好的同时，在实践中却又存在上述多种弊端，究其本源，是因为

我国相关的民间融资法制缺陷,诚信原则缺失,当事人风险控制意识薄弱等原因造成的。

(一)经济法体系的紊乱

银监会于2008年、2009年分别发布的《小额贷款公司试点指导意见》《消费金融公司试点管理办法》是该领域为数不多的单行法律或行政法规。尽管如此,很多规定仍语焉不详,且缺乏可操作性,过于原则。更有甚者,法律法规之间缺乏统一性及协调性,同一行为可能因依据不同而定性天壤之别。如颇具争议的"吴英案"就是如此。其行为符合《民法通则》和《合同法》,属于正常的民间借贷行为,但按照《贷款通则》及《非法金融机构和非法金融业务取缔办法》,即被认定为金融犯罪。有些领域仍处于无法可依的状态,如金融监管体制改革后,非法金融活动由谁负责监管,民间借贷哪些主体可以参与、可采用哪些形式等诸多问题。

如上诉人桂林市某开发有限公司(一审原告)、蔡某、廖某因与被上诉人林某(一审被告)民间借贷纠纷案,即存在民间借贷和高利贷混同,法律界定不清的情况。

案情:2013年1月30日,桂林市某开发有限公司以食品开发市场需资金为由,向林某借款51.7万元,同日,双方签订了一份借款协议,借款协议载明:甲方桂林市某开发有限公司向乙方林某借款人民币51.7万元整,借期为30天,从2013年1月30日至2013年3月1日。按借款金额的期银行贷款利息4倍支付利息给乙方……同日,桂林市某开发有限公司出具收条一份交林某收执。蔡某、廖某作为担保人在借款协议及收条上签名并捺手印。2013年5月10日,桂林市某开发有限公司再次以公司需资金周转为由向林某借款人民币5万元，借期为17天，从2013年5月10日至27日，按借款金额的同期银行贷款利息4倍支付利息给乙方，同时签订借款协议一份及出具收条一份，蔡某、廖某作为担保人在借款协议、收条上签名确认。以上两笔借款借期届满后，被告未还款，原告多次催收未果，遂提起诉讼，要求三被告连带偿还原告借款本金及利息。

一审庭审中，被告提供了某公司收款的转账通存收款通知、蔡某的账户历史明细清单、林某等人出具的领款单和收条、银行存款同单、转账凭条、视听资料等欲证明双方之间的借贷数额、款项由来及还款的事实，原告对被告的证据不予认可，只认可2013年3月3日其向被告出具的贰万元（2万元）收条并同意在（2011）象民初字第602号案件予以冲抵。

一审法院审理认为，被告向原告借款的事实有其书立的借款协议及收条为证，并且原以相应的取款凭证佐证，证据之间能够形成证据链，双方的借贷关系成立，依法应受法律保护。被告关于本案借款系本金加一个月利息和一个月利滚利所产生的高利贷，以及借款协议、收条均为原告胁迫所立的抗辩理由无有效证据证实，故对此不予采信。对于被告辩称已向原告还款，原告除认可2013年3月3日其出具的2万元收条并同意在本案中抵扣以外，其余的领款单、收条及汇款凭证原告均不予认可，且均发生在本案借款协议签订之前或收款人并非原告，对此亦不予采信。借期届满后，被告未向原告归还借款，违反了双方借款协议的约定，应当承担偿还借款的民事责任，故对原告要求被告归还借款本金的诉讼请求予以支持。关于被告的责任承担问题，依据《担保法》第12条规定："同一债务有两个以上保证人的……没有约定保证份额的，保证人承担连带责任……”第 19 条规定:“当事人对保证方式没有约定或者约定不明确的,按照连带责任保证承担保证责任。”

蔡某、廖某等没有在借款协议及收条中注明保证方式与保证份额,故被告应对上述债务互负连带清偿责任。关于原告要求被告按银行期贷款利率的 4 倍支付利息的诉请,没有违反国家规定的民间借贷利息最高限额,亦符合双方约定。依照《民法通则》第 90 条、第 108 条,《担保法》第 2 条、第 19 条,最高人民法院《关于人民法院审理借贷案件的若干意见》第 6 条之规定,判决:(1)被告桂林市某开发有限公司应归还原告林某借款人民币 56.7 万元(该款扣除被告已偿还的 2 万元)及该款利息。(2)被告蔡某对上述债务负连带清偿责任。

上诉人桂林市某开发有限公司、蔡某、廖某不服一审判决,上诉称:一审判决认定事实错误。(1)被上诉人所诉借款并非全部真实。本案与其他债务是一个整体,均是由借款的高利息所衍生。(2)本案借款 51.7 万元系 47 万元本金加一个月利息 4.7 万元,另有 5 万元系 47 万元一个月的利息。本案涉及借款的月息少则 10% 多则 12%,超过人民银行同期贷款利率的 4 倍,依法不应得到支持。(3)被上诉人林某亲笔所写的清单中注明了本金和利息,同时林某与蔡某的谈话录音中清楚说明本系列案中每一笔借款数额的来源,充分说明本案大部分是由高利贷转化而来。(4)在本系列案中,其他的给付被上诉人只提供了取款免证,但没有存款凭条。被上诉人称系现金给付不符合常理和交易习惯。(5)本系列案之间有一定关联,被上诉人在上诉人无法还债的情况下还继续借款不符合常理。综上所述,请求二审法院撤销审判决,驳回被上诉人的诉讼请求。

二审综合诉辩双方的意见，对一审查明的事实有以下争议：本案的借款行为是真实存在还是由其他债务所涉借款的高利贷所衍生的。二审法院认为系由其他债务所涉借款的高利贷利息衍生。(2010)象民初字第1088－1091号民事案件系上诉人、一审被告等与他人等债权人因民间借贷纠纷所引发。双方在象山区人民法院的主持下达成了调解协议，由桂林市开发有限公司、蔡某、廖某等按约定期限向他人归还借款本息和律师代理费。(2010)象民初字第1088－1091号民事调解书送达当事人发生法律效力后，上诉人仍然按照高利贷的利率支付利息与常理不符。上诉人在一审时提供的2013年欠款清单没有双方事人签名，不能确定系被上诉人林某书写且该清单中本息金额与上诉人主张的真实借款本息金额不一致，不能证明林某的借款本金，故对该证据不予采信。

上诉人在一审时提供录音资料以证明本案系高利贷利息衍生。《民事诉讼法》第69条(2012年修正后为第71条)规定："人民法院对视听资料，应当辨别真伪，并结合本案的其他证据，审查确定能否作为认定事实的根据。"上诉人不能提供本案系高利贷利总所衍生的其他证据，而录音资料不能单独作为认定借款合同关系不存在的依据，故上诉人提供的证据均不足以证明其上诉主张。被上诉人在一审时提供了借款协议原件、银行取款业务回单及收条原件。被上诉人提供的证据证明了双方之间形成借款合同关系、出借资金的来源及款项交付，该证据形成借款关系真实存在的证据链。

综上，二审法院认为：上诉人与被上诉人于2013年1月30日和5月10日签订两份借款协议，协议约定了借款本金分别为51.7

万元和5万元。被上诉人在合同签订后,分别从银行提取现金51.7万元和5万元并给付上诉人,上诉人出具了收到现金的收条,双方之间的借款合同关系成立。上诉人认为本案与(2010)象民初字第1088-1091号民事案件有关联,系高利贷利滚利衍生的虚假借款,但其提供的证据均不足以证明其主张。

最高人民法院《关于民事诉讼证据的若干规定》第2条规定,当事人对自己提出的诉讼请求所依据的事实或者反驳对方诉讼请求所依据的事实有责任提供证据加以证明。没有证据或者证据不足以证明当事人的事实主张的,由负有举证责任的当事人承担不利后果。故上诉人应当承担举证能的法律后果。双方当事人在合同中约定按照同期银行贷款利息4倍支付利息,该约定符合最高人民法院《关于人民法院审理借贷案件的若干意见》第6条有关借款利息,维持原判。

上诉人认为本案存在高利贷的情形,但未提供证据证明,该院对其主张予支持。被上诉人给付借款后,上诉人应当依照合同约定,履行还款义务。但上诉人未按约定期限还款应当依法承担相应的法律责任。一审法院认为双方当事人借款关系成立,要求上诉人返还被上诉人借款本金56.7万元(该款应扣除被告已偿还的2万元及利息)的判决认定事实清楚,判决正确,应予维持。上诉人的上诉理由不能成立,不予支持,判决驳回上诉。

(二)诚实信用原则缺失

近些年,随着民间借贷活动的频繁和活跃,规模逐渐扩大,但是经济大环境又不稳定,再加上民间借贷本身的利率高、风险大的特点,还有部分投机行为在其中鱼龙混杂,很多企业都发生了资金链断裂的情况，整个社会面临信用危机，人们的诚信意识降低，借贷人“跑路”的事件频频出现，民间借贷纠纷案件也一路飙升。有的民间借贷案件因为债务人下落不明无法查清事实，久久不能结案，有的案件即使审结，但是债务人无财产可供执行或隐匿财产无法执行，债权人的债权无法实现，使债权人对法律失去信心，债务人也心存侥幸，认为逃脱了法律追究，让法律公信力大打折扣。民间借贷案件的大幅增多，反映出现阶段社会诚信出现危机甚至缺失，“欠债还钱，天经地义”的民间信条逐渐被“能拖则拖，能欠则欠”的老赖歪理所替代，导致欠钱的人是大爷，有的借款人，甚至严重丧失道德，在借款前已明知自己没有偿还能力，但为了满足私欲，利用出借人的逐利心理，骗取信任，借款后故意拖欠，玩起失踪。如此恶性循环，很难找到有效解决办法，使民间借贷案件的审理陷入困境。

诚实守信原则是民法基本原则之一，指在订约时不诈不霸，诚实行事。在订约后，守契约，重信用，不钻合同漏洞。这符合市场互惠互利原则，各主体应自觉遵守。而由于诚实信用原则的缺失，在缔结合同、行使权利、履行义务的整个过程中，债权、债务人没有做到最大限度的善意及本分，使交易发生危机，这是致使民间融资纠纷不断增加的重要原因之一。表现在对高额利息的追逐、对借款期限的规定、对利息高低等方面做虚假陈述，导致出借方对借款人的借款用途、自身经营状况等信息做出了错误判断，导致因还款不及时或不利还款产生诉讼。更有可能从民事借贷纠纷演变为刑事犯罪。特别在房地产开发领域，放款人以借款人资金链断裂急需用钱，而高息放款，衍生高利贷。

如桂林市中级人民法院审理的上诉人榕湖投资有限责任公司（一审被告）因与被上诉人（一审原告）雷某民间融资纠纷案中，因诚信缺失，对借款凭据内容双方发生争议。

案情：2005年5月被告因资金紧缺，向原告雷某要求借款，雷某遂借款180万元给被告，被告法定代表人陈某即写一张借据给原告。内容如下：今借到雷某现金壹百捌拾万元整（180万元），借款人榕湖投资有限责任公司，落款日期为2005年5月26日。借条上未约定还款日期。2014年9月2日，原告向被告主张权利，被告以种种理由至今未还款给原告。原告遂诉至一审法院，请求判令被告归还借款180万元及利息。

一审法院经审理认为：根据《民法通则》第84条的规定，债是按照法律规定或当事人的约定，在当事人之间产生的特定的权利和义务关系，享有权利的人是债权人，负有义务的是债务人。债权人有权要求债务人按合同的约定或法律的规定履行义务。从上述法条结合本案事实来看，本案被告因资金紧缺，向原告借款180万元并写欠条，借款事实清楚，证据充分，原、被告之间的债权债务关系明确。虽然被告主张该债务已抵销，但却未能提供证据证实自己的主张，不能对抗借条的证明效力，应认定原、被告之间债权债务关系的事实存在。至于被告主张的因工地至今未进行结算，债务的履行期限尚未届满的辩称意见，考虑本案从被告约定期限之日至今已有9年多，被告怠于行使结算权，影响了原告的权利实现，可以视为偿还期限届满。

因此，本案原告起诉，有事实依据和正当理由，其诉讼请求依法予以支持；被告辩称因没有正当理由，其请求驳回原告诉请的主张该院不予采纳。据此，依照《民法通则》第 84 条、第 108 条之规定，判决由被告榕湖投资有限责任公司归还原告雷某借款 180 万元及利息。

上诉人不服一审判决，上诉称：(1)双方是合伙关系而非借贷关系。涉案的 180 万元是上诉人、被上诉人等合伙进行工地开发投资的合伙款，因不是上诉人的个人借款，故应由四合伙人共同归还。(2)本案已过法定诉讼时效，应驳回一审被告雷某的诉讼请求。故请求二审法院撤销一审判决，直接改判或发回重审。

被上诉人雷某答辩称：(1)上诉人向被上诉人借款有借条为凭，借贷关系事实清楚。款项系上诉人所借，借款的用途并不影响民间融资的性质。(2)因融资双方未约定还款期限，故本案未过诉讼时效。一审判决认定事实正确，程序合法，适用法律正确，上诉人的上诉理由不充分。请求该院驳回上诉，维持原判。

二审法院认为：关于本案是合伙还是借贷关系的问题。根据《民事诉讼法》第 64 条第 1 款之规定，“当事人对自己提出的主张，有责任提供证据。”最高人民法院《关于民事诉讼证据的若干规定》第 2 条规定，因上诉人未提交任何双方系合伙关系的书面证据，故应承担举证不能的法律后果。另外，因借贷关系有借条为据，且借款用途不影响借贷关系的定性。故上诉人提出的双方系合伙而非借贷关系的诉请，不予支持。关于本案是否超过诉讼时效问题，根据当时《民法通则》的规定，向人民法院请求保护民事权利的诉讼时效期间为 2 年，诉讼时效期间从知道或者应当知道权利被侵害时起计算。本案的借条形成时间为 2005 年 5 月 26 日，双方未约定还款时间，后经被上诉人不断向上诉人主张债权，上诉人陈某在借条上附注“在工地清算后 2 小时付清”字样，时间为 2014 年 5 月 1 日。依据《民法通则》第 14 条之规定，诉讼时效因当事人一方提出要求而中断。从中断时起，诉讼时效期间重新计算。因此，本案的诉讼时效起算时间为 2014 年 5 月 1 日。又因被上诉人雷某一直都在向上诉人催要借款，上诉人对还款的附注即可证明，因此债权人对于“知道或者应当知道权利被侵害”的时间处于不明状态。故上诉人提出的本案已超过诉讼时效的主张，不予支持。综上，按照《民事诉讼法》第 152 条第 1 款第 1 项的规定，判决驳回上诉，维持原判。

第三节　新型中小企业民间融资司法补偿机制的建构

在分析了中小企业民间融资在司法领域中现存的弊端以及审理中的诸多困境之后，如何构建适合我国国情和现实需要的司法补偿机制，切实破解融资案件的司法桎梏，对于改变中小企业强位弱势的地位尤为重要。

一、充分运用审判职能，妥善应对民间借贷纠纷

审判工作应通过履行审判职能，以公正高效权威的司法活动，努力营造支持经济建设的发展的良好金融环境。从经济发展大局出发，配合宏观经济调控及经济平稳增长。国家在发展过程中，市场经济发展、私人借贷的活跃给人民的生活带来了便利，也使借贷案件频发。审判机关应通过多层机制的建构和资源整合，解决现有的借贷纠纷，保障金融秩序的有效运行。

在处理民间借贷纠纷案件中，各级人民法院要密切关注因金融调控政策下而出现的各种新情况和新问题，深入开展前瞻性调查研究，对审判经验及不足进行总结。可利用发布典型案例及上级法院办案骨干下基层上法制课等形式，给予审判指导，统一裁判标准。确定裁判规则对赌债、假债及高利贷进行界定。防止以合法形式掩盖非法目的，对民间资金流向进行规范引导。

堵源截流，综合治理涉赌类借贷案件。民事涉赌案件的源头是赌博行为，且多为聚众赌博行为。治理赌博行为，需要公安、司法机关、政府综合治理部门、基层组织等有关部门互相配合，加大惩治力度，主动作为。同时，平衡个案，制定涉赌案件认定的统一标准。在认定借贷案件涉赌的司法实践中，总体趋势保持平稳，不可否认，这是法律的要求。

根据法律规定，要想在法院中通过举证证明案件的涉赌性质确实困难，当事人很难提交书面的证据予以证明，而在法院审判过程中对民间借贷的法官自由裁量权很大，从而导致在审判实践中，一审法院法官因为怕在审判中自由裁量过于激进被二审改判，到了二审一般又不会因这类自由裁量问题对审判决予以改判。故只有整个司法审判过程中建立统一认识，才能让法官在审判实践下，正确认定民间借贷案件的涉赌性质。

明确划分民间借贷和高利贷的界限。《合同法》规定，自然人之间的借款合同对支付利息没有约定或者约定不明确的情况下，视为不支付利息，即无息借款。如对利息数额约定不明的，根据最高人民法院《关于贯彻执行〈中华人民共和国民法通则〉若干问题的意见（试行）》的规定，借款双方因利率发生争议，如果约定不明，又不能证明的，可以比照银行同类同期贷款利率计息。经出借人催告后借款人仍不偿还的，出借人要求借款人偿付逾期利息，应当准许。以不超过同期银行贷款利息4倍确定民间借贷的利息幅度是比较适合的，例如现阶段银行商业贷款月利率为，民间借贷月息超过的则视为高利贷。其理由是：

第一，幅度高低适中。按民间借贷月息3.12%计算，年息为37.44%，一年物价上涨指数15%左右，扣除物价上涨因素，实为22%左右，这跟物价较稳定的年份基本持平。

第二，有利于与银行利率相协调。以倍数形式规定下来的民间借贷最高利率受银行贷款利率限制，并可随银行利率的调整而变化，可以更好地与银行利率相协调。

多方合作，综合治理。法院应积极配合当地党委和政府，加强与公安、工商部门等相关职能机构的沟通，为进一步解决案件审理执行中的问题，协调发挥多部门的职能，共同促进金融市场的稳定及经济有序运行。对发现有引发系统金融风险的民事案件，多与政府金融监管部门沟通，加强联络，降低金融犯罪风险的防范。对有证据证明有赌债、非法吸收公众存款、高利贷的，应及时移送相关职能机关处理。同时，可向相关金融监督部门提出司法建议，对风险防范及制度创新提出司法解决之策。

合理增加人员配备，建立民间借贷审判的人、物、财完善机制针对当前民事借贷案件案多人少、时间紧、任务重的现状，需增加人员编制，合理整合审判资源，将审判人才在审判岗位和综合部分合理配置，以确保办案质量和审判效率。要适应不断创新的金融市场的需要，紧跟最前沿金融业务、金融工具的发展，才能解决产生新类型的法律关系。又基于法律的滞后性，这就需要案件承办法官的专业化水平不断提高，在现有法律框架内，积极探索和建立金融民事案件的专业化审理机制，对政策和法律的灵活运用，满足审判工作需要及金融发展的客观要求。

二、建立民刑交叉案件区分和部门联动处理机制

如前文所述，在审理民间借贷纠纷案件过程中，往往会出现民刑交叉的情况。在实践中一般的处理原则是“先刑后民”。但是这种做法也不是绝对的，如果适用“先刑后民”原则，对被害人利益的保护可能产生严重的阻碍。所以民刑交叉案件，并非绝对适用“先刑后民”的准则，必要时也可以是“先民后刑”，还可能是“刑民并行”。这就要求人民法院在民刑交叉案件的处理过程中，建立案件的区分机制。在对每个案件认真甄别分析法律关系性质的基础上，分类处理案件，考虑对被害人利益的保护，同时加强与公安、检察和政府职能部门的沟通与协调，实施部门联动处理机制，使案件依法得到妥善处理。

“先刑后民”的原则，我国法律有明确的规定其适用的前提是，在人民法院审理民事案件的过程中，对某一案件事实的认定是刑事案件中部分犯罪事实的进一步侦查结果为前提，在此种情况下刑事审理优先于民事审理。非法经营罪、高利转贷罪中所涉及的资金，大都来自民间借贷的资金，此种情况下原告的诉讼请求是否应受法律保护，取决于前述债务的性质。从调查案情借款流动去向、借款用途的表现形式来看，如果这些债务的形成过程中包含了进行非法经营金融业务活动犯罪、高利转贷罪等其他金融犯罪行为，这种借

款行为不应受到法律保护。

对于此类民刑交叉案件，应当对民事案件终止审理移交公安机关进行刑事侦查并进行处理。如果原告的出借款项的行为已经达到构成非法经营金融业务犯罪、高利转贷罪、为犯罪提供资金犯罪的共犯的行为标准，在审理过程就需要有对案件事实进行识别的过程，认定某一行为是否属犯罪行为，需要根据刑事司法程序，民事法官无权力和责任来查明此事实。因此，在处理此类案件中，在民事审判中法官发现原告的借贷行为涉嫌刑事犯罪，首先应中止民事诉讼，将案卷材料移交到公安机关或其他相关的调查机关。在刑事案件办理完毕时，根据刑事案件的办理结果，最后再决定该民事案件是恢复原来的审理还是将原民事案件裁定终止审理。

“先民后刑”原则，是指在民事案件当事人先起诉法院也已经先行审理，民事案件的审理不会影响到刑事案件的侦查工作和审理过程中的程序，或者刑事案件事实的认定需待民事审理查清的事实的前提下适用。民间融资诉讼中有时会有当事人为逃避债务或刑事责任而进行的虚假诉讼，由于现行刑事方面的法律尚缺乏明确罪名的对应，根据法院的司法实践，一般做法是对此种表现为借贷合同关系的行为，妨碍作证罪，帮助毁灭、伪造证据罪来对此类行为进行定性和规制。行为表现是否构成前述两个罪名，主要还是依据行为人在参与民事诉讼程序中的行为表现来认定。

“刑民并行”原则，是指当事人起诉到法院的民事案件的审理与公安机关刑事案件的侦查，两者互不影响也互不为前提，在民事和刑事均已立案的情况下，民事案件和刑事案件的审理可同时进行。如果在法院受理的民事案件审理过程中发现有可能涉及非法集资犯罪的情况，我们的处理原则是对“先民后刑”还是“刑民并行”没有确定的模式，可以任一个原则进行。如果要选择适用“先民后刑”原则，程序要求是法院的借款案件在先立案，如果选择适用“刑民并行”原则，则要满足借款案件与刑事案件已经都予以立案的情形。

法院在处理涉嫌非法集资犯罪案件过程的借款合同纠纷对借贷合同效力的认定，与涉嫌非法经营金融业务犯罪的借贷行为具有本质的不同，前一类案件涉及的资金出借人一般情况下都是受害人，其出借资金的利息损失应予保护。而且这些当事人往往情绪非常激动，对法院处理案件抱很大期望，在他们看来认为如果案件被转到公安机关进行刑事侦查，资金能收回的可能性很小，也没有有权机关的文书作为债权依据，提交法院处理，无论审理结果如何，还有法院的一纸判决作为后主张债权的凭证，所以他们从心理上是不愿将案件交由公安机关处理的。

从债权形成时间先后来看，民事借款关系成立的时间段在前，而借款的行为逐渐积累，最终构成集资诈骗或非法吸收公众存款的行为表现被定性为刑事犯罪在后，民事法律范畴的借贷关系的存在不会因为行为后面构成刑事犯罪的定性而消灭。从案件的处理效果讲，这类案件通过民事法律进行审理，在保护借款合同当事人的合法民事权益方面更具有积极的意义，同时也不影响公安机关或检察院对集资诈骗、非法集资犯罪行为的刑事侦查工作的进行。法院在办理此类案件时，民事借款纠纷可照常审理，无须因为涉及刑事犯罪而将案件移交公安机关办理，可与刑事侦查并行处理。

司法机关在处理民刑交叉案件过程中，还要与当地政府及金融监管机关建立合力的联动处理机制，并与涉嫌非法资集犯罪行为当时的政策相适应。例如，陕西省榆林市政府为了打击资集犯罪，由政府部门牵头，成立了“打非办”，接受群众对集资犯罪的举报，并对线索进调查，经查证确属犯罪，立即移交公安机关处理。但是这种机构存在的法律依据，其是否有权力将相关涉嫌人员带走协助调查还需研讨。

虽然民间融资只是社会个别群体的行为，但是当民间借贷已经演变成一种社会现象进而影响到社会公共秩序的状态，政府必然会出面来解决问题。公安机关、检察机关、人民法院三机关都有其相应的法律职责，但当面对整个社会普遍存在的问题现象时，还需要承担起其社会责任，分工协作，相互配合，保证因民间借贷引发一些犯罪不会对社会稳定造成影响。法院在办理此类案件时，要做到与公安、检察及政府职能部门的信息对称，及时沟通协调，努力使我国的民间借贷市场从无政府混乱状态向规范化、市场化方向平稳过渡。

三、正确认定融资主体的真实性和合法性

在审理民间借贷纠纷中，为查清借款事实，要正确认定借款的真实性和合法性。关键在于借款真实性的审查，则是要对借款行为是否实际发生，即借款实际支付情况进行审查。

借款合同为实践性合同，借款关系成立的标志是借款的交付。在民间交易习惯中，通常借贷的款项和借据同时互相交付，在借款人和出借人均为自由意志支配下进行，很少出现借款人没有拿到现金而先给付借条的情况。因此，借据是证明双方已经交付款项的直接证据，在审理民间借贷合同纠纷案件中，借据具有重要的证据地位。借款双方在无书面借据或书面借据丢失的情况下，如果其他间

接证据之间能相互印证和佐证案件事实，并能够形成逻辑完整的证据链，就能够证明确实存在真实的借款关系，在此种情况下，可依据这些间接证据来对借款的真实性予以认定。在实际办案中，案件当事人对借款时间、借贷款项、借款给付地点、表述借款意思表示的见证人的陈述，款项给付时在当场见证的人或其他在场人员的证言，债务人承认借款或债权人承认还款的事实、录音录像银行转账单等经查证属实后，均可作为认定事实的证据。

对于融资合法性的审查，主要是审查借款主体资格是否合法。在自然人之间的借款合同中，一般当事人具有完全民事行为能力，此类的借款合同原则上都认为是有效的。自然人和企业发生的借贷，法律规定对此未禁止也未允许，依据《民间借贷司法解释》和《关于如何确认公民与企业之间借贷行为效力问题的批复》的规定，认定民间借贷还应当包含自然人个人与企业组织间的借贷行为，只要借款合同中载明的事项是双方当事人在平等自愿条件下真实意思的表示，这类借款合同一般情况下可认定为有效。

企业与企业之间的借贷合同，按照金融法规应当认定为无效，但是并非所有的此类借款都为无效，如上下级企业内部之间的借款、有常规业务往来企业间的临时性借款、为完成特定业务而有资金困难的借款、依合同约定大企业对小企业的发展有帮扶关系的借款、为解决生产经营资金需求非法人企业间的临时性借贷，数额不大，不宜认定为无效。村民个人向民间非经营性组织的借款，由于非经营性组织不是生产经营单位，将资金出借给村民是给农村经济的发展起到了促进作用，这类借款如果款项用途正当、借款目的正当且是双方真实意思的表示，不违反金融法律和其他法规规定，应认定为有效的借款合同。但是此类借款也应受到限制，非经营资金借贷业务的组织向社会发放贷款，不得借款名义进行，行政机关拨入的专项款和社会专项赞助款及捐资款不得借款名义进行移用。

对于企业的法定代表人以个人名义向其他企业出借款项的，原则上列个人为当事人，但是在案件审理中查明款项实质用于企业经营，则应按照企业间借贷处理。企业的法定代表人个人名义向其他企业借入款项的，该款项实质汇入企业并用于生产经营的，因出借方款项划转一般接受借入方指令，如果借入方对款项未收到抗辩的，为查明事实，可追加收款企业为当事人。

对于案件实践中经常出现的借据、打款凭证等与原告、被告当事人身份不符的情况，需要在审理中查明出借人与打款人的关系，是否存在委托他人转账收款事宜、是否存在债权转让事宜等，必要时必须追加债权转让的前手、出借账户的案外人、直接支付或收取款项的案外人为案件第三人，并要求其出庭接受法庭调查。

四、合理分配举证责任

民间借贷的证据具有单一性、随意性和隐蔽性的特点，这些特征会导致借款事实无法调查清楚，法院的审理工作也会因此处于尴尬的困境，要求法官在办理案件过程中，应本着妥善解决纠纷，综合平衡各方当事人的利益，正确适当行使司法自由裁量权，在当事人之间依据法律规定和法律原则，对举证责任进行合理分配。在实际审判中，往往就是法庭将举证责任分给谁，谁承担败诉风险。所以在审理民间借贷纠纷过程中，举证责任的分配尤为关键，举证责任分配原则上按照民法中“谁主张，谁举证”的规则来确定，但有时举证责任也会因当事人的主张和抗辩意见的提出，发生转移。

原告在诉讼中对给付借款合同中约定的款项的事实能提供证据证明，但不能向法庭提供支付送些款项的借款协议，而此时被告不认可存在借款关系，或不认可借据所载的借款数额，也就是借款双方当事人对借贷关系是否真实存在有较大争议的。在此种情况下，主张双方系存在其他法律关系的被告对其答辩承担举证责任；原告向法庭提供了借款协议，被告对借款数额提出异议，对给付借款的事实的举证责任分配给原告。被告主张借款已实际清偿或部分清偿，借款利息超过法律规定的限定，则应由被告来进行举证。

在小额借款案件中，出借人具有支付相应款项的能力，如果当事人在诉讼中只提交了欠条，同时主张款项交付方式是现金交付，法院可按照民间借贷的交易习惯，认定借款事实真实存在。可是几十万元、百万元、千万元甚至多达上亿元的大额或巨额借款中，当事人如果还是主张现金交付，只提供了借款人书写的借条而没有其他证据，被告也否认借款数额，现金交付事实的举证责任应分配给原告，还需要审查出借人的经济实力、债权债务人之间的关系，交易习惯及相关证人证言等。这样的证人证言如何认定？需要综合考察当事人与出庭证人之间是否有利害关系。

如果有一个以上证人作证，这些证人的证言对于案件细节的陈述是否一致，证人本身对需证明的案件事实的认知能力和范围，证人是客观性陈述还是主观猜测性陈述等方面，对证人证言的证明内容和证明力进行综合考量评价，决定是否予以采信。原告借条为证据向法院起诉要求被告偿还借款，被告对原告诉讼中主张的借款事实予以否认，答辩意见认为借条中借款人处的签名并非自己所写，法院在审理中可向当事人释明可对签名进行笔迹鉴定,但原、被告都认为应当由对方去申请,鉴定无法进行,使案件审理进入两难境地。在确定应由哪一方提出笔迹鉴定时,看被告认为“借条不是本人所写”的意见是对原告主张的抗辩理由,还是其对案件事实的主张。法律规定,谁申请鉴定,谁交鉴定费。在被告的意见认为是对案件事实主张的情况下,由被告承担举证责任,提交鉴定申请。被告的意见是针对原告诉请的抗辩理由的情况下,由原告承担举证责任,即提出鉴定申请。

按上述原则,应由哪一方提出鉴定申请,而其拒绝提交鉴定申请,则要承担举证不能的不利后果。原告起诉时提供的证据借条,证明借贷关系的真实存在和款项支付的事实,被告答辩认为虽然借据为其书写,但是在人身受到威胁的情况下所写,对此主张应由被告就其受胁迫的情况进行举证,一般情况下,被告是无法完成的,即使会有些证人证言,但都不足以达到证明目的,法院也不能贸然认定受胁迫的事实,故在此种情况下,就要求审判人员运用逻辑推理和日常生活经验来进行判断。

五、借款利息在法律规制之下适当浮动

已经于2015年9月1日生效的《民间借贷司法解释》第26条对利息的规定是借款利率不得超过年利率的24%,最高不超过36%,否则就得不到法律的支持。政治经济学的理论范畴内,对利息的性质的表述是作为平均利润的一部分,只要平均利润高于利息,借贷资金需要者即进行借贷的生产生活经营者就有利可图,则更愿意从他处借款。因而,对于我国民间借贷的利率不能搞“一刀

切”,将其全部限定在银行利率的24%。2012年3月,全国人民代表大会代表、浙江省高级人民法院院长就曾经建议,在制定法律层面上要对民间借贷活动的利率标准进行更进一步的明确,适度地将民间借贷的利率上限有所提高,并尝试着在不同地区、不同经济情况下,设立适应当地经济发展水平的民间借贷利率标准。

此种建议相当符合我国经济发展的现实。由于我国各地区经济发展状况有差异,因而资金的盈利价值也不同,对民间借贷的利率也就不应简单地用一个数值来限定,民间借贷本来就有自发性,也应由其市场本身来调节利率的高低,受借贷市场火热程度、资金充足率、投资市场行情、整个社会诚信程度等因素的影响,在不同地区和不同时段实际不同的借贷利率标准,而不是以行政管理的形式来限制,过分的限制反而会阻碍借贷市场的发展势头。

传统民间借贷是为解一时生活之需而发生的,与现在广泛存在于商事领域为谋求企业发展和融资而发生的借贷相去甚远,后者的利息带有一定的营利性。利息的约定事项从行为本质属性来看,仍属于当事人意思自治和合同自由的契约精神范畴,因此如果确实查明债务人自愿支付超出年利率36%上的利息回报,而这样的做法并不会损害到国家利益、社会公共秩序或侵犯其他人的合法权益,法律则无须主动进行干预,也没有对其进行强制调整的必要性。

在《民间借贷司法解释》中,影响最深远的条款就是年利率24%的问题,此条款的目的是加强金融控制,禁止高利息。近年来,我国发生的吴英涉嫌集资诈骗案及内蒙古鄂尔多斯借贷危机事件,这些案件不止一次地给我们敲响了警钟,因为民间借贷引发的纠纷案件持续增加,长此以往会回增加社会不稳定因素。

过分地限定借贷利率，会导致两种结果：一是民间放贷人为了不违反法律，对现有的借贷利率规定认为不合理，没有盈利动力去进行业务，逐渐退出借贷市场，导致社会空余资金堆积，市场上的流动资金减少，不能发挥这些资金本应有的作用；二是放贷人为钻法律“空子”，增加其盈利空间，会通过预先扣息利息或将利息算入本金等方式来规避法律规定对利率的限定。把借贷利率限定年利率24%的范围内，所有的用款人都以此条款为“屏障”，借钱时多少利率都可答应，不考虑以后自己的偿还能力，反正最后还不了钱，起诉到法院，法院也只能依此24%的限定来判决，不能判决当初借款时约定的利息数额，这样整个社会的诚信体系会受到很大的冲击。但是，如果按照《合同法》的精神，遵循当事人缔结合约意思自治原则，借贷双方约定的五倍利息并不损害国家、集体及他人的利益，也不违反相关法律规定，故从契约自由的角度来看，法律应维护这个借贷合同的效力。

因此，在民间借贷立法中，我们应大胆尝试，试着放开政府对借贷利率的过分限定，实行在法律强制规定幅度内的借贷利率的市场化。衡量必要劳动和合理劳动，对利息的高低进行市场调研，结合经济和市场形势确定合理幅度的利率值。民间借贷合同的效力是否符合法律规定，并不仅仅是依据借款当事人之间约定的借款利率的高或低来进行判断，现代意义上的民间借贷合同更具有商法上的合同意义，按照商法遵循的合同契约自由的基本原理，只要借款合同是双方当事人真实意思的表示，说明双方在签订合同当时是自愿的，并且在法律限定的利率幅度之内，如果约定的利息不是过分高于限定利率，则应签订合同当时当事人的意愿为准，当然这其中应排除高利贷犯罪的情形。

在民间借贷中,合同任何一方都需要承担一定的风险,他们之间所约定的利率之所以高,应是有当时的原因的,所谓“有高风险,才有高回报”,而这种风险对借款双方来说是平等的,为了收到较高的利息回报,出借人会冒着款项收回困难的风险,借款人为了取得急需的资金,向出借人许诺高利息,但是市场的风险,是否真能有其所期待的利润也具有不确定性。

因此,在民间借贷市场上实行法律限定幅度内的利率市场化,并不表示民间融资的利率能任由借款当事人无约束地进行约定。而是要让政府在行政管理中尽量排除和减少对借贷利率的公权干预,加强监督管理机构对借贷市场进行宏观监管的能力,该让市场自己决定适合的利率水平,就要放开市场,应当进行规制的领域政府应当仁不让地进行政策干预,从而保证市场对资源的优化配置。

如此一来,各个地区的市场本身就会结合本地的金融资本流动情况,逐渐形成适合当地经济发展水平和与资本市场需求相一致的利率标准。民间借贷利率现在也不会像以前一样出现无上限和下限的异常波动,只是以该相对稳定的利率标准为基点进行上下浮动。实行利率市场化,可充分发挥让市场对资金进行重新配置的作用,这样既可减少高利贷、不合法借贷的产生,也相应地降低了民间借贷中借贷双方的风险。

六、构建社会诚信体系和增强市场主体风险意识

政府应对非法集资、金融诈骗等违法行为坚决打击,依法取缔,维护民间借贷市场有序进行。要让社会公众树立金融风险意识,向

其宣传民间借贷的相关金融法规，勿混淆民间借贷和非法集资，避免借贷陷阱，在正确的形式下进行融资。法制宣传应从以下方面着手：

第一，出借前严格审查。一要对借款人的诚信情况有效评价，特别是还款能力。借款时不仅要看对方的经济情况，还要看对方的诚信记录，如果对方有不良记录，就要坚决拒绝，不要因为面子和单纯追求高利息，盲目放债。二要对借款的用途进行审查。民间融资当事人在主观上必须是自愿的，《民法通则》规定"一方以欺诈、胁迫等手段或乘人之危，使对方在违背真实意愿的情况下形成的借贷关系，应认定为无效"。《民法通则》第90条规定："合法的借贷关系受法律保护。"民法与合同法的基本原则为公平、自愿、合法。借款用途是借款人必须有所了解及认真审查的，明知借款用于走私、诈骗、赌博、贩卖枪支、买卖毒品等违法活动却有意为之的，因属于违法借贷而不受法律保护。出借人还需承担刑事责任。

借款约定需谨慎。碍面子、看人情是出现借贷纠纷的原因之一，一般应该订合同或写借据。书面协议要写清楚：出借人和贷款人的名字、字号等基本信息，借款原因及数额（大小写应该一致），什么时候借款和什么时候还款（应写明年月日），怎么还款和违约的责任等。若是有带息借款，还应写明利率。民间借贷的利率最高不得超过四倍银行的同期利率，否则超出的利息得不到法律支持和保护。若对支付利息的期限没有约定，在实践中什么时候支付利息和当还款数额不足时是先还利息还是本金，这在当事人之间极易产生纠纷。审理这种案件的主要依据是书面协议，因此，出借方和贷款方都要慎重对待书面协议。

第二,设立担保使借贷更为保险。特别是大额借款,人保可挑选经济实力尚佳的人选,物保最好以存单、房产等个人财产来抵押。在无法还钱或逃债时,可追究保证人的连带或一般保证责任或对房车等行使抵押权来对自己的合法权益进行合法救济。

第三,出借后贷款人需及时催款。超过诉讼时效,出借人的合法权益无法受到法律保护。在桂林市中级人民法院民事审判第四庭审理的民间借贷案件中,不少案件是因为债权人未及时催债务人还款导致超过诉讼时效而败诉。这与当事人法律意识不强息息相关。有的债权人、保证人有关保证责任期间的规定,在已经超过了保证人承担保证责任的期间后还要求保证人来承担保证责任。根据《担保法》第 25 条、第 26 条的规定,保证人与债权人未约定保证期间的,保证期间为主债务履行期间届满之起 6 个月。债权人未在此期间内要求保证人承担保证责任的,保证人免除保证责任。由此可知,保证人的保证期限也是有法律期限的。因此,需要明确约定保证期间,以债务人清偿债务之日作为保证人的保证期间都被视为约定不明,而认定保证期为主债务履行期届满之日二年内。

七、创新现代信息手段,开辟送达途径

审理民间借贷案件纠纷中,诉讼文书的送达难也是一个困扰法院的突出问题。在审理中,原告经常找不到被告,法院只能先依据原告提供的被告通讯地址邮寄送达,信件被退回后,根据其他线索再邮寄或上门送达,若上述方式都无法有效送达,只能被迫选择公告送达的方式,等待漫长的审判程序,最后无奈地选择强制执行,而且执行效果也往往不容乐观。送样既浪费了司法资源,也影响了审

判效率。

因而，法院可以利用现在的新信息技术，改革传统的送达方式。在实际操作中，立案时法院可要求当事人尽量多提供被告的个人信息。例如：让当事人提供两个或两个以上住址，在联系方式上不仅提供电话，还可提供电子邮箱、QQ 号、微信号等。法院建立起独自的电子邮箱、QQ 号、微信号等，通过这些平台，以法院名义与当事人取得联系。

高科技电子运用不仅在送达过程中为有效送达诉讼文书提供辅助性帮助，而且也为当事人和法院的审理节省更多的财力、人力、物力。法院系统要充分利用现代化信息网络平台，探索设立短信送达方式，对那些恶意躲避法院通知电话的当事人，发送短信告知开庭等诉讼事项，其电话号码是实名登记的即视为有效送达。当前微信普遍使用，法院可充分利用此平台，在当事人电话号码确定但无人接听，或是能打通却以多种借口不配合法院工作的情况下，可将诉讼文书拍照，向该号发彩信或微信，则视为送达成功。

同时，法院还要加强与居委会、村委会、公安机关和当事人工作单位的沟通与联系，掌握当事人的去向及近况，为法院送达文书提供更多的信息和途径。法院内部也要严格规范公告程序，对穷尽一切手段仍无法送达时才可适用公告送达，最大限度地保证当事人的诉讼权利。

第四章　中小企业民间融资微观经济制度补偿机制：以融资利率为中心

除了立法、司法、法律文化等宏观层面的失衡，诸多微观经济制度的失衡，也是造成中小企业民间融资问题丛生的重要因素，其中融资利率及其法律责任的规制，是最为重要而敏感的议题。

高利贷在我国私营经济较为发达的区域以及农村地区广泛存在，是众多社会事件、企业连锁倒闭的导火线。2008 年浙江台州的飞跃集团、杭州的南望集团等地方龙头企业出现财务危机，大量高利率的民间借贷是其直接原因。2009 年重庆打黑过程中，警方披露的数据是：重庆高利贷逾 300 亿元，规模已占到重庆全年财政收入的 1/3 强，黑恶团伙以高得惊人的利息强行放贷，而后通过暴力收债，从中牟取巨额不法收入。2009 年 8 月 11 日《经济参考报》以《宁夏固原民间高利贷盛行》为题披露当地高利贷问题①。在温州，

① 岳彩申：《民间借贷规制的重点及立法建议》，载《中国法学》2011 年第 5 期。

根据龙湾区2011年审结的326件借贷纠纷案件显示，其中约定月利率2分到3分的为43件，4分到5分的21件，5分以上的4件。未约定利息的169件，占51.84%，[①]而这部分往往涉及高利贷。经查实，最高的一例，双方私下约定的月利息竟然为15%，年利率达180%。

如此高负荷的债务，直接后果是导致借钱的企业不堪重负，企业倒闭、企业主出逃。因此从众多事实来看，合理改革现有的民间借贷利率机制及相关法律责任对中小企业顺畅、合法融资具有突出的现实意义。

第一节　中小企业民间融资利率的规则供给与制度困境

从立法层面上看，我国尚未形成完备的民间融资立法体系。1997年《民法通则》第90条笼统地对合法的借贷关系予以肯定。相较而言，1999年《合同法》第12章对借款合同的规定更为细致。其中第196条规定："借款合同是借款人向贷款人借款，到期返还借款并支付利息的活动。"第197～211条则分别对借款期限、借款用途、借款利息等借款合同的要素进一步加以规定。就民间借贷利率而言，我国对民间借贷利率的管制一直在变化。

在中华人民共和国成立初期时，民间借贷利息并不受管制，中华人民共和国成立后才开始受到限制。1952年最高人民法院《关于城市借贷超过几分为高利贷的解答》指出，依据当时国家银行放

① 《温州民间借贷纠纷案井喷挑战法院审理》，载 http://legal.people.com.cn/GB/17315138.html，最后访问日期：2012年3月12日。

款利率和市场物价情况，私人借贷利率一般不应超过 3 分；但利率的降低应依靠国家银行信贷业务的开展，因此若无其他非法情况，只要双方自愿，即使借贷利率超过 3 分也不宜干涉。也即，在当时民间借贷利率上限只有原则性的规定。1964 年由中共中央批转邓子恢同志《关于城乡高利贷活动情况和取缔办法的报告》，为打压当时猖獗盛行的高利贷，规定只要借贷活动的月息超过 1 分 5 厘，即视为高利贷。这两部规定出台于改革开放前，对于借贷利率上限的设置与当时的社会经济状况、政治环境及金融市场的发展程度有密切关系。

《民间借贷司法解释》规定，借贷双方没有约定利息，出借人主张支付借期内利息的，人民法院不予支持。自然人之间借贷对利息约定不明，出借人主张支付利息的，人民法院不予支持。除自然人之间借贷的外，借贷双方对借贷利息约定不明，出借人主张利息的，人民法院应当结合民间借贷合同的内容，并根据当地或者当事人的交易方式、交易习惯、市场利率等因素确定利息。

借贷双方约定的利率未超过年利率 24%，出借人请求借款人按照约定的利率支付利息的，人民法院应予支持。借贷双方约定的利率超过年利率 36%，超过部分的利息约定无效。借款人请求出借人返还已支付的超过年利率 36% 部分的利息的，人民法院应予支持。新的利率规定对民间借贷的司法保护范围划定了年利率 24% 和 36% 两条“红线”，“这使得司法裁判标准更加量化”，并将企业间为生产经营需要而相互拆借资金纳入保护范围。

表 4-1 民间借贷利率相关法律法规表

颁布时间	颁布机构	效力级别	法律文件名称	相关利率的规定
1981-05-08	国务院	国务院规范性文件	国务院批转中国农业银行《关于农村借贷问题的报告的通知》	关于农村借贷的政策问题:二、……如果确需向社员借贷,应当经过社员民主讨论,利率不能超过当地信用社放款的最高利率……三、必须严格区别个人之间的正常借贷与农村高利贷活动。对于个人之间的正常借贷利息偏高的,不能视为高利贷者……
1984-08-30	最高人民法院	司法解释	最高人民法院《关于贯彻执行民事政策法律若干问题的意见》	第69条:……有息借贷,其利率可以适当高于国家银行贷款利率。但对于乘人之危、牟取暴利的借贷关系,不予保护
1988-01-26	最高人民法院	司法解释	最高人民法院印发《关于贯彻执行〈中华人民共和国民法通则〉若干问题的意见(试行)》的通知	第122条:公民之间的生产经营性借贷的利率,可以适当高于生活性借贷利率。如因利率发生纠纷,应本着保护合法借贷关系,考虑当地实际情况,有利于生产和稳定经济秩序的原则处理
1991-08-13	最高人民法院	司法解释	最高人民法院《关于人民法院审理借贷案件的若干意见》	第6条:民间借贷的利率可以适当高于银行的利率,各地人民法院可根据本地区的实际情况具体掌握,但最高不得超过银行同类贷款利率的四倍(包含利率本数)。超出此限度的,超出部分的利息不予保护(以下简称四倍利率规则)

续表

颁布时间	颁布机构	效力级别	法律文件名称	相关利率的规定
1999－01－26	最高人民法院	司法解释	最高人民法院《关于如何确认公民与企业之间借贷行为效力问题的批复》	公民与非金融企业（以下简称企业）之间的借贷属于民间借贷……借贷利率超过银行同期同类贷款利率四倍的，按照《借贷意见》的有关规定办理
1999－03－15	全国人民代表大会	法律	《合同法》	第211条：……自然人之间的借款合同约定支付利息的，借款的利率不得违反国家有关限制借款利率的规定
2002－01－31	中国人民银行	部门规章	中国人民银行《关于取缔地下钱庄及打击高利贷行为的通知》	二、民间个人借贷利率由借贷双方协商确定，但双方协商的利率不得超过中国人民银行公布的金融机构同期、同档次贷款利率（不含浮动）的四倍。超过上述标准的，应界定为高利借贷行为
2011－12－02	最高人民法院	司法解释	最高人民法院《关于依法妥善审理民间借贷纠纷案件促进经济发展维护社会稳定的通知》	六、人民法院在审理民间借贷纠纷案件时，要依法保护合法的利息，依法遏制高利贷化倾向……人民法院应当依据《合同法》和最高人民法院《关于人民法院审理借贷案件的若干意见》第6条、第7条的规定处理

续表

颁布时间	颁布机构	效力级别	法律文件名称	相关利率的规定
2015－09－01	最高人民法院	司法解释	最高人民法院《关于审理民间借贷案件适用法律若干问题的规定》	第25条：借贷双方没有约定利息，出借人主张支付借期内利息的，人民法院不予支持。自然人之间借贷对利息约定不明，出借人主张支付利息的，人民法院不予支持。除自然人之间借贷的外，借贷双方对借贷利息约定不明，出借人主张利息的，人民法院应当结合民间借贷合同的内容，并根据当地或者当事人的交易方式、交易习惯、市场利率等因素确定利息。第26条：借贷双方约定的利率未超过年利率24%，出借人请求借款人按照约定的利率支付利息的，人民法院应予支持。借贷双方约定的利率超过年利率36%，超过部分的利息约定无效。借款人请求出借人返还已支付的超过年利率36%部分的利息的，人民法院应予支持

表4－1是对适用于全国范围的民间借贷利率现行有效规定的整理。由上表可见，我国在法律层面对民间借贷利率上限的规制体现在《合同法》中，但该法律条文并未具体说明借贷利率的上限，仅指出利率不得违反有关限制规定。该限制规定即为1991年《借贷

意见》所设定的四倍利率规则。2002 年《央行通知》以及在《借贷意见》之后出台的几部司法解释对借贷利率部分也均适用四倍利率规则。即使是最近为防范和化解温州民间金融风险、针对温州民间金融改革试验而出台的《温州市民间融资管理条例》(以下简称《温州条例》),也未突破四倍规则的限定①。《温州条例》第 14 条规定:"民间借贷利率由借贷双方协商确定,但不得违反国家有关限制利率的规定。"因此,四倍利率规则是我国目前规制民间借贷利率的唯一标杆。

但值得一提的是,《借贷意见》(已于 2015 年 9 月 1 日失效)之前出台的几部法律文件尽管对民间借贷利率没有作出限制性规定,对当下民间借贷利率也无实际指导作用,但这些文件对利率问题的认定有一定的参考意义。1981 年《国务院批转中国农业银行关于农村借贷问题的报告的通知》仅对农村的个人之间借贷作出指导,并指出对个人之间利息偏高的正常借贷不认定为是高利贷,何谓"正常"没有具体说明,存在一定空间,因此可以看出当时对个人之间的借贷管制并不那么严格。1984 年最高人民法院《关于贯彻执行民事政策法律若干问题的意见》则对不予保护的借贷提出了"乘人之危"和"牟取暴利"两个主观方面的认定标准。1988 年最高人民法院《关于贯彻执行〈中华人民共和国民法通则〉若干问题的意见(试行)》将公民之间的借贷区分为生活性借贷和生产经营性借贷,并指出后者的利率可以适当高于前者。这些对借贷利率相对多元化的界定方式在四倍利率规则中未能寻见踪影。

---

① 《温州市民间融资管理条例》,2013 年 11 月 12 日由浙江省第十二届人民代表大会常务委员会第六次会议通过,自 2014 年 3 月 1 日起施行。

此外，在1988年最高人民法院《关于贯彻执行〈中华人民共和国民法通则〉若干问题的意见（试行）》出台后，最高人民法院又出台了一部非正式法律文件对最高人民法院《关于贯彻执行〈中华人民共和国民法通则〉若干问题的意见（试行）》部分问题进行补充，其中也包括对利率的认定——1990年最高人民法院《关于贯彻执行〈中华人民共和国民法通则〉若干问题的意见（修改稿）》第139条规定："公民之间借贷的利率，生活性借贷利率不得高于国家银行同类贷款利率的两倍，生产经营性借贷利率不得高于国家银行同类贷款利率的四倍。"该稿对两种用途的民间借贷利率提出进行进一步细化规定的建议，提出了"两倍"和"四倍"两个认定值。

2015年，随着新的司法解释的出台，关于利率的规制有了实质性突破。新的利率规定则更为科学，不再只划定一条最高利率管控线，根据《民间借贷司法解释》第26条的规定，借贷双方约定的利率未超过年利率24%，出借人请求借款人按照约定的利率支付利息的，人民法院应予支持。借贷双方约定的利率超过年利率36%，超过部分的利息约定无效。借款人请求出借人返还已支付的超过年利率36%部分的利息的，人民法院应予支持。

这个划分两条最高利率管控线来规制最高利率限额的方法被称为"两线三区"，即将24%和36%作为两条利率管控线，通过这两条利率线，可以划分为三个区，民间借贷的利率低于24%的是合法债务区，利率高于36%的则超过部分为无效，是违法债务区，24%至36%的部分则为自然债务区，不否定其效力。新规定较之前所规定的"四倍利率"更符合民间借贷的性质要求，既肯定了借贷双方对于利率有一定的自主性，又对利率作出两条最高限额管控线的规定，在法律适用上更为明确，更具有科学性。另外，司法解释的规定更加完善，不再禁止计算复利，并且对借期内利率和逾期利率均未约定，或者仅约定借期内利率而未约定逾期利率，以及同时约定逾期利率和违约金的情况分别予以规定，通过采用法定利率和参照适用借期内利率，同时规定了最高限额的方法，相比以前的规定，司法解释的规定则更具有实用性。

第二节　中小企业民间融资利率机制的弊端

根据上文提到的问题与研究方法思路，我们以浙江省民间借贷纠纷的判决书为样本，研究四倍利率以下司法实践中融资利率的实施现状，并通过量化分析来发掘其中的规律性，并以此为逻辑基础，提出有针对性的可能路径与解决方案。

一、四倍利率规制下的弊端：中小企业民间融资利率机制的实证研究

本书以浙江省民间借贷利率的案件为样本，主要基于以下考虑：第一，浙江省属中国经济最为繁荣的省份，亲缘文化根深蒂固，民间资本充裕，民间借贷活动活跃，民间借贷纠纷数量大，并且司法实践也比较丰富；第二，浙江省属东部沿海地区，经济文化与人们思维的开放度较广，司法实践也更有先行先试的可能；第三，相较于其他省份的审判指导意见，浙江省高级人民法院出台的《关于审理间借贷纠纷案件若干问题的指导意见》“对民间借贷纠纷审理问题作出了十分全面、系统的指引，为未来可能的针对民间借贷的立法规

制提供了一个不错的蓝本”；第四，作为民间借贷滥觞的地区，浙江温州在引导民间融资规范化发展中扮演了很重要的角色，为讨论司法实践的地方独特性提供了一个好的样本。

在确定以浙江省案件为样本后，我们从北大法意数据库（www.lawyee.com）对浙江所有相关案件进行收集。数据收集方法是这样的：在法意案例检索界面的关键词一栏输入“银行同类贷款利率的四倍”，在“审理法院”一栏挑选出所有浙江省法院，包括浙江省高级人民法院，各地区中级人民法院及基层人民法院。根据这个方法，我们在 2014 年 2 月 21 日前共搜集到浙江省案件 1477 个，筛选出有效样本 1421 个，1421 个民间借贷纠纷并在裁判文书中引用了四倍利率规则的判决是本书的研究样本，它们审结年限的时间跨度内 2003 ~ 2014 年。由于法官引用四倍利率规则的目的是确定借方支付利息的方式，因此所有这些案件都是贷方胜诉的案件。

（一）主要变量及其描述

由于涉及利息的判定，在每个判决书中，借贷金额是非常清楚的。在所有样本中，案均借款 63.70 万元。最小借贷金额是 0.15 万元，是 1 笔自然人之间借贷；并且，所有 28 笔金额低于 1 万元的小额贷款中，有 27 笔是自然人之间借贷（另外 1 笔是企业借给个人）。最大借款金额是 2963 万元；并且所有两笔超过 2000 万元的借款，是企业之间的借款。当然，并非所有借款金额全是一次性的，其中有 205 笔（或者14.43%）是两次或者两次以上借款发生的。

1. 借款期限

尽管借贷都约定了期限，但是期限并不一致。如上所述，其中有 205 笔贷款是多次发生的，在多次借款的案件中，第二次以上的借款约定通常比较简略并且不规律。为了统计方便，本书统一记录第一次借款发生时约定的借贷期限，并分为5类：10天以内（含10天）、10天至1个月（含1个月）、1个月至6个月（含6个月）、6个月至1年（含1年）、1年以上。其中，10天以内（含10天）借款88件，占6.19%；10天至1个月（含1个月）借款399件，占28.08%；1个月至6个月（含6个月）借贷731件，占51.44%；6个月至1年（含1年）借贷135件，占9.50%；1年以上借贷68件，占4.79%。从这些数据可以看出来，相比较银行的借贷而言，民间借贷期普遍更短。

2. 约定利率

并非所有当事人会在事前约定利息。在所有样本中，有217件的当事人并没有在事前约定利息。在所有约定了利息的案件中，有1082件（或者76.14%）直接约定一个利息数额，有119件（或者8.37%）约定同期银行同类贷款基准利率四倍，有2件（或者0.14%）约定同期同类银行贷款利率，有1件（或者0.07%）约定同期信用社贷款三倍。我们参照中国人民银行公布的同期银行同类贷款基准利率，对上述119件约定四倍银行利率和2件约定同类银行利率的约定利率进行了转化，转化为具体的利率数值。如此，我们在总共1203份判决书中得到了当事人事前约定的利率数值。在所有约定中，平均值是月利息2.83%；最高值是月利率30%，有两笔都是一个月以内的短期借款。

3. 担保情况

大部分的民间借贷都没有担保。在我们的样本案件中，被法院最后认定有担保人并需要承担责任的共480件：其中400件为非企业担保，占总样本的28.15%；企业担保有80件，占总样本的5.63%。

4. 借款用途

民间借贷的用途会影响利息的高低,尤其是区分生产经营型(或者商事型)和生活消费型(或者民事型)民间借贷。事实上,最高人民法院在1988年发布的《民通意见》第122条就明确规定:“公民之间的生产经营性借贷的利率,可以适当高于生活性借贷利率。”为了系统了解审判法官是否可能针对不同的借款用途而保护不同的利息,我们也尝试根据判决书的信息来对每个纠纷借贷的借款用途进行整理。不过,比较遗憾的是,判决书对借款用途的描述是不规律的。除了诸如“经营需要”“生产需要”“资金周转”等词出现频率较高以外,其他描述借款用途的词汇五花八门,非常个性化,还有相当一部分判决书对用途根本没有做任何说明。

由于借款用途的重要性,我们设法根据如下的操作方式来判定每个纠纷借款的用途。第一步,寻找每份判决书对借款用途的描述,并摘录出来。第二步,我们搜索这些简短的描述中有没有可以帮助判断其用途性质的关键词,如“经营”“生意”“厂”“购房”“资金”“购车”“生活”等。第三步,根据关键词所包含的信息,我们把这些判决书对借款用途的描述分为如下五类:生产经营,包括所有可以通过关键词明确确定用于生产经营的借款;资金周转,包括那些明确提到“资金周转”或者类似关键词,但又没有更具体用途信息的借款;购房购车,包括所有明确提到“购车”“购房”“装修”等关键词,但不能判断是否用于商业或者生活用途的借款;生活消费,包括所有明确用于生活消费目的的借款;未说明,包括所有未做任何说明的借款。

表4-2列举了定义上述五类借款用途的所有关键词,以及各

类用途在所有 1421 个样本中所占的比例。详见下表：

表 4－2　浙江省法院判决书所展示的民间借贷借款用途

用途类型	关键词	案件数（件）	占样本比例	用途类型	关键词	案件数（件）	占样本比例
(1)生产经营	经营	163	38.56%	(2)资金周转	资金	285	24.98%
	生意	113			急需	20	
	经商	68			因需	19	
	工程	29			还贷	17	
	生产	21			周转	6	
	承包	20			缺资	4	
	公司	19			经济困难	3	
	厂	13			纳税	1	
	投资	12			小计	355	
	股权(份)	8		(3)购房购车	购房	13	1.55%
	业务	8			购车	7	
	店	7			装修	2	
	企业	7			小计	22	
	项目	7		(4)生活消费	生活	7	1.20%
	承揽	2			生活（推定）	10	
	工地	2					
	工资	2			小计	17	
	投标	2		(5)未说明		479	33.71%
	经营（推定）	45					
	小计	548					
合计							100%

关于表4-2，值得解释说明的有如下几点。

第一，但凡判决书描述了借款用途，并且出现了“经营”“生意”“经商”“工程”“生产”“承包”“公司”“厂”“投资”“股权（份）”“业务”“店”“企业”“项目”“承揽”“工地”“工资”“投标”等十八个词的一个或者数个，均归类为生产经营。此外，对于有些直接描述“购买鱼苗”“购买矿场”等具体生产经营活动的，全部放在“经营（推定）”关键词中，也归类为生产经营目的。此类判决书共计有548份，占所有样本的38.56%左右。

第二，对于出现了“资金”“急需”“因需”“还贷”“周转”“缺资”“经济困难”“纳税”等八个词的一个或者数个，而又没有出现上述描述生产经营活动的词汇，并且没有进一步描述任何具体用途的，均归类为资金周转。我们可以推论，此类用途多为生产经营，但并不确定。它们共有355份判决书，占所有样本的24.98%左右。

第三，对于出现了“购房”“购车”“装修”三个词的任何一个或者数个，但又没有出现上述描述生产经营活动的词汇，也难以判断是否是家用还是商用的，均归类为购房购车。此类用途多为生活消费，但也不确定，共有22份判决书，占所有样本的1.55%左右。

第四，对于在判决书中直接写明“生活”或者“生活消费”的，以及那些写明具体生活消费用途的（如治病、装饰新房）并推定为生活消费的，均归类为生活消费。此类判决书共有17份，占所有判决书样本的1.20%。最后一类是对借款用途没有做任何说明的，有479份，占33.71%。从上述数据可以看出，生产经营或者主要用于生产经营的民间借贷，占据了法院需要判定借贷利息案件的绝大多数。

5. 案件审理情况

(1)审理法院与审级

所有1421案件有1326件(或占93.31%)是基层人民法院审理的,有85件(或占5.98%)是中级人民法院审理的,另外10件(或占0.70%)是浙江省高级人民法院审理的。其中,一审程序案件1339件(或占94.23%),二审程序案件76件(或占5.35%),再审程序案件6件(或占0.42%)。图4-1展现了审理法院的地区分布。

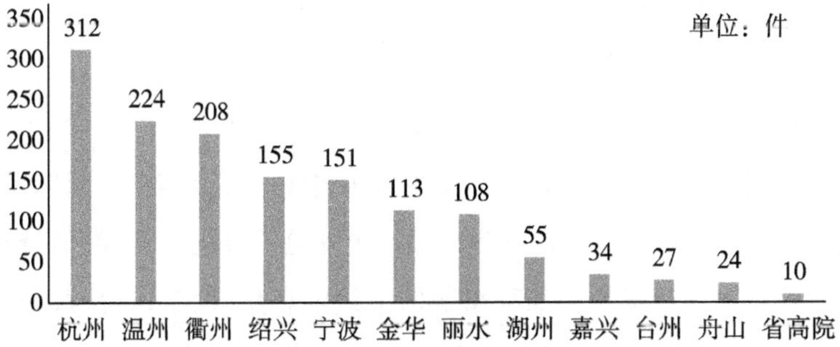

图4-1　案件审理法院的地区分布

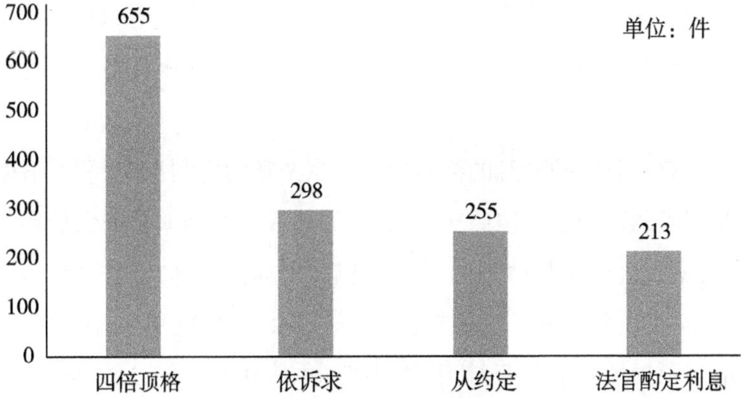

图4-2　法官裁定的利息保护方式

(2)裁定利息保护的方式

在裁判过程中,法官依照不同的方式来保护借贷。根据判决书的内容,本书把这些方式归纳为"从约定""依诉求""四倍顶格"和"法官酌定利息"四种方式。"从约定"指的是判决书明确按照借贷双方的事前约定来确定利息。"依诉求"指的是法官根据原告的诉求来确定利息。"四倍顶格"指的是无论事前约定多少利息,法官判定按照同期银行同类贷款基准利率的四倍来确定利息。"法官酌定利息"指的是法官在判决书中自行确定一个利息数值。图 4 - 2 描述了法官裁定利息保护方式的分布比例。

(3)法院裁判结果:绝对利率数值与相对高低

裁定利息保护的方式只能反映司法实践的部分信息。问题是,上述几个不同裁定方式所导致的结果可能是一样的。比如,借贷双方事前按照银行贷款基准利率四倍来约定利息,发生纠纷时,如果原告主张四倍利率,法官无论是用"依约定""依诉求"还是"四倍顶格"来确定利息保护,结果都一样,甚至法官也可能"酌定"一个等于四倍利率的利息数值。因此,我们有必要对法院裁定的具体利息的结果进行仔细研究,并分别对利息的绝对数值和相对高低进行计算。

先看法官保护利息的绝对数值。当法官酌定利息时,利率值通常是明确的。而法官按照从约定、依诉求或者四倍顶格来保护利息时,利率数值可能是清楚的,也可能只是"银行贷款基准利率的四倍"这样的含糊表述。在所有样本中的 565 件判决书中,法官明晰了应当保护的利息数额,其中月利率最小值 0,最大值 3.62% ,均值 1.62% 。在余下的判决书中,法官按照从约定、依诉求或者四倍顶格的裁定方式来要求被告支付“银行贷款基准利率的四倍”的利息,但是没有明确具体的数值。

为了尽可能利用更多的样本进行统计分析,我们根据借贷双方第一次借款约定的期限,参照同期银行同类贷款基准利率的四倍,把这些判决书中所裁定的文字描述利率全部转换成数值。如此,所有的 1421 件判决书都有一个量化的法院保护的利率数值,其中最小值为 0,最大值也还是月利息 3.62%,月利息均值 1.80%。

再看绝对数值的相对高低。根据上述数值,我们进一步定义了如下两个描述裁判结果的变量。一个是“法院利率与银行利率之比”,是用上述计算出来的法院裁定保护的具体利率数值除以同期银行同类贷款基准利率的结果。另一个是在 1421 个样本中,这个比值最小为零(此时法院裁定保护的利率为零),最大值为 6.70,均值为 3.82。

接着,我们根据比值的大小,进一步把利息裁定的结果分为三类:“小于银行利率四倍”“等于银行利率四倍”以及“大于银行利率四倍”。我们称这个变量为“法院保护利率的结果类型”。其中,我们把法院利率与银行利率之比的 3.95 认定为小于银行利率四倍,把比值 > 3.95 且 < 4.05 的认定为等于银行利率四倍,把比值 >4.05 的认定为大于银行利率四倍。由此,我们得到“法院保护利率的结果类型”这个变量的三组观察值,其中小于银行利率四倍 354 件,约占 24.91%;等于四倍的有 944 件,约占 66.43%;大约四倍的有 123 件,约占 8.66%。

值得说明的是,在理论上,根据四倍利率规则,法院裁定保护的利率不应该出现大于四倍的情况。而事实上,根据上述计算的方式和结果,我们发现相当一部分的裁判结果保护了四倍以上的利率。其原因大概有这么几种情况。第一个可能的原因是,部分案件涉及多次借贷,本书是按照第一次借款时约定的期限来计算利率的,而法院可能参照更长借款期限来确定同期银行贷款的基准利率。不过,这种原因并不能解释全部。事实上,在我们去掉所有205件涉及多次借贷的纠纷样本之后,剩下的1216件只涉及单次借贷的判决书所保护的利息也有相当一部分是超过银行利率四倍的,其中法院利率与银行四倍利率之比高达6.70的那件判决书也只涉及单次借贷。第二个可能的原因是,前文描述的多种四倍利率规则适用的难题导致审判法官事实上无法确立一个客观的"四倍"标准,从而导致计算结果的多样性,并在事实上突破了四倍利率规则。

通过以上对样本案件库法官判决类型的划分,可以明显看出利率上限规则在司法实践中的执行性差异。法官并没有依据四倍利率规则对案件一律作出"便捷"的四倍顶格裁判。如何解读规则、如何适用规则在很大程度上反映了法官在审判民间借贷案件时的司法逻辑。探析法官裁判行为背后的原因对研究司法裁判对民间借贷的保护倾向必定大有裨益。

(二)四倍利率规则的司法实践:判例关联与回归分析

上文对研究的样本和主要变量的情况做了描述。接下来,我们将要分析其中的关联性和可能的因果关系。我们重点要回答的问题是,哪些因素同法院裁判的结果相关?我们首先看均值分布和关联性,然后再通过线性回归进行因果分析。

在案件不同情形下,法官作出了富有差异性的裁判,那么案件的各项关键因素如审理法院的所属地区、借贷人性质、借款用途、借款金额、借款期限、是否存在担保等事实因素都可能影响法官对四倍利率规则的适用。结合上文对相关变量的定义和数据收集，此处笔者分别对案件审理地区、审理程序、借贷双方类型、担保情况、借款期限类型和借款金额类型与法官适用四倍利率规则的结果类型进行关联性分析。在划分审理地区类型时，考虑到温州地区民间金融环境的特殊性，笔者对审理地区这一变量进行了重新归类，划分为“温州”“其他地区”和“全省”三个类别。以下表4－3至表4－8分别呈现了上述各项变量之间的关联性。需要说明的是，表格中的百分比数据表示每项自变量中各因变量的构成比例，对应数值则为具体案件个数；表格下方的P值为原假设不成立的概率，根据显著性检验方法得出，用以衡量变量之间相关关系的显著性。当P值大于0.05时，表明数据差别不显著，小于0.05时为显著，小于0.01时为非常显著。以表4－3为例，在因变量为“小于四倍”，自变量为“温州”时，“131”指温州的所有案件中法官判决小于四倍的案件为131个，“58.48%”指这种判决结果类型在温州所有判决结果中所占的百分比；表4－3的P值为0.000，说明表中数据差别非常显著。

表4－3　案件审理地区与判决结果类型的关联性（交互分类表）

判决结果类型	审理地区			合计
	温州	其他地区	全省	
小于四倍	131	197	3	331
	58.48%	16.60%	30.00%	23.29%
等于四倍	15	112	0	127
	6.70%	9.44%	0	8.94%

续表

判决结果类型	审理地区			合计
	温州	其他地区	全省	
视为等于	66	784	6	856
	29.46%	66.05%	60.00%	60.24%
大于四倍	12	94	1	107
	5.36%	7.92%	10.00%	7.53%
合计	224	1187	10	1421
	100%	100%	100%	100%

Pearson chi2 = 188.1976 P = 0.000

表 4-4 审理程序与判决结果类型的关联性(交互分类表)

判决结果类型	审理程序			合计
	一审	二审	再审	
小于四倍	308	22	1	331
	23.00%	28.95%	16.67%	23.29%
等于四倍	127	0	0	127
	9.48%	0.00%	0.00%	8.94%
视为等于	802	49	5	856
	59.90%	64.47%	83.33%	60.24%
大于四倍	102	5	0	107
	7.62%	6.58%	0.00%	7.53%
合计	1339	76	6	1421
	100%	100%	100%	100%

Pearson chi2 = 10.3228 P = 0.112

表 4－5　借贷双方类型与判决结果类型的关联性（交互分类表）

判决结果类型	借贷双方类型				合计
	自然人之间	借方为自然人	贷方为自然人	企业之间	
小于四倍	301	5	21	4	331
	23.14%	20.83%	23.33%	66.67%	23.29%
等于四倍	116	5	6	0	127
	8.92%	20.83%	6.67%	0.00%	8.94%
视为等于	791	11	52	2	856
	60.80%	45.83%	57.78%	33.33%	60.24%
大于四倍	93	3	11	0	107
	7.15%	12.50%	12.22%	0.00%	7.53%
合计	1301	24	90	6	1421
	100%	100%	100%	100%	100%

Pearson chi2 = 15.6067　P = 0.076

表 4－6　担保情况与判决结果类型的关联性（交互分类表）

判决结果类型	担保情况			合计
	没有担保	非企业担保	有企业担保	
小于四倍	196	126	9	331
	20.83%	31.50%	11.25%	23.29%
等于四倍	88	36	3	127
	9.35%	9.00%	3.75%	8.94%
视为等于	602	201	53	856
	63.97%	50.25%	66.25%	60.24%
大于四倍	55	37	15	107
	5.84%	9.25%	18.75%	7.53%

续表

判决结果类型	担保情况			合计
	没有担保	非企业担保	有企业担保	
合计	941	400	80	1421
	100%	100%	100%	100%

Pearson chi2 = 49.3717　P = 0.000

表 4-7　借贷期限类型与判决结果类型的关联性（交互分类表）

判决结果类型	借款期限类型					合计
	十天以内	十天至一个月	一个月至六个月	六个月至一年	一年以上	
小于四倍	14	73	177	43	24	331
	15.91%	18.83%	24.21%	31.85%	35.29%	23.29%
等于四倍	11	31	71	11	3	127
	12.50%	7.77%	9.71%	8.15%	4.41%	8.94%
视为等于	59	264	422	74	37	856
	67.05%	66.17%	57.73%	54.81%	54.41%	60.24%
大于四倍	4	31	61	7	4	107
	4.55%	7.77%	8.34%	5.19%	5.88%	7.53%
合计	88	399	731	135	68	1421
	100%	100%	100%	100%	100%	100%

Pearson chi2 = 26.8130　P = 0.008

表4-8　借贷金额类型与判决结果类型的关联性（交互分类表）

判决结果类型	借款金额类型					合计
	小于或等于1万元	1万元以上10万元以内	10万元以上100万元以内	100万元以上500万元以内	500万元以上	
小于四倍	6	148	144	28	5	331
	9.68%	22.12%	26.82%	23.53%	14.71%	23.29%
等于四倍	8	64	44	6	5	127
	12.90%	9.57%	8.19%	5.04%	14.71%	8.94%
视为等于	46	411	306	73	20	856
	74.19%	61.43%	56.98%	61.34%	58.82%	60.24%
大于四倍	2	46	43	12	4	107
	3.23%	6.88%	8.01%	10.08%	11.76%	7.53%
合计	62	669	537	119	34	1421
	100%	100%	100%	100%	100%	100%

Pearson chi2 = 21.3258　P = 0.046

通过观察上述表格，会发现大部分变量同法官最后的判决结果相关，依据P值的结果，案件审理地区、担保情况和借款期限类型同法官的判决结果高度显著相关。具体分析，一些比较显著的关系如下。首先，根据表4-3，就不同案件审理地区而言，温州地区法院的法官明显比其他地区法院的法官更多地采用了“小于四倍”的裁判方式，并又相对更少地采取“大于四倍”的裁判方式，这一结果印证了温州地区的独特性。其次，根据表4-6，在有担保的民间借贷案件中，尤其是有企业担保的借贷案件中，法官明显更多地采用了“大于四倍”的裁判方式。最后，根据表4-7，在借款期限越长的案件中，法官明显地更多采用了“小于四倍”的裁判方式。“小于四倍”的判决结果由15.91%至35.29%依次递增，规律性非常明显。第二点和第三点的发现仿佛可以说明一个道理，即越容易实现的债权越可能得到“大于四倍”的利息保护。但是,如果观察表4-8,又会发现金额越大的借贷越会得到法官“大于四倍”的利息保护,通常而言,金额大的借贷的债权实现比金额小的更低,所以这个发现似乎同上一个发现是相冲突的。①

另外,从表4-5借贷主体类型的关联中可以看出,相较于自然人之间的借贷,法官对涉及一方为企业的借贷(包括借方为自然人、贷方为自然人)更有可能判“大于四倍”,尽管这一差异性不够显著(企业之间借贷案件数量太少,因此不予分析)。为了证明上述变量究竟哪些起到关键性作用,或者是否还有潜在的其他重要因素,比如本书试图分析但未能分析的借款用途在影响着判决结果,下文将纳入多变量进行因果关系的分析。

(三)MLOGIT 模型回归分析

如上分析,有必要对影响法官判决结果类型的多个潜在变量放在一起进行多变量的因果关系分析。因此,这部分研究采用了下面的方程式,并对因变量进行 MLOGIT 模型分析。

判决结果类型 = a + b 审理地区 + b2 审理程序 + b3 借贷双方类型 + b4 担保 + b5 借款期限类型 + b6 借款金额 + e

关于变量,其中值得补充说明的是,“借款金额”不再是根据金额大小划分的类别变量,而是以“万元”为单位的连续变量。对于因变量的四个取值,由于本研究最关心的还是法官采用“大于四倍”而不是其他类型的可能性,因此结果汇报时以“大于四倍”的情况做参

① 本表格制作参见以下案例数据:(2009)丽青商初字第8号、(2008)湖民二终字第130号。一审为湖州市吴兴区人民法院(2007)湖吴民一初字第1571号、刑四复35476526号、(2009)湖长商初字第567号。

照系。表4－4汇报了统计分析结果。

从表4－6中可以看出，在纳入多变量进行统计分析之后，一些因素依然对法官如何进行判决具有影响力。尤其是，案件审理地区和担保情况依然显著地影响了法官的判决类型。具体而言，相对于其他地区，温州法院的法官非常明显地更愿意以“小于四倍”而不是“大于四倍”的方式来保护借贷利息。并且，相对于没有担保的案件，对于有企业担保的案件，法官更愿意采用“大于四倍”的方式保护利息，并且意图非常明显。这些在统计学上意义非常显著。

（四）实证数据的意义分析

从数据统计的最终结果来看，不同变量与判决结果呈现出的关联性在极大程度上反映了法官运用规则背后不同的考量因素，大致可以作出如下推断。

第一，在法官判决结果的区域性差异方面，温州地区法官判小于四倍的可能性远高于其他地区，极大地证明了温州民间金融市场的独特性。法官为何都趋向于严格保护？法官可能考虑的是，温州民间金融活跃，同时也隐含较大的金融风险，并且近几年发生的温州民间金融危机对金融市场的稳定造成了极大的影响，为遏制利率高企、打击高息借贷，减少系统风险，需对民间借贷利率施以更为严格的管制。但是温州民间金融亦经历过稳定的阶段，在利息水涨船高的氛围中，为何法官没有顺应市场的现实需求，放松对借贷利率的限制？这一点还有待进一步探讨。

第二，在担保方面，有担保尤其是有企业担保的情况下，法官倾向于对利率放宽保护。法官可能考虑的是，担保的存在使债权人收回本息可能性更大，另外，相较自然人，企业的资金实力更强，债务履行也更有保障，因此即使约定利率较高，有企业担保的债务也较无担保或非企业担保债务更易实现，无须对利率进行过多的干预。

第三，在借款期限方面，法官判决的规律性十分显著。借款期限越长，法官判决小于四倍的可能性越大。或许可以说明法官基于以下考虑：即使借贷双方约定利率较高，当借款期限较短时，最终结算的利息额度通常不会存在畸高现象，对于急需资金的借款人来说并非沉重的负担，因此对短期借贷予以放宽保护；产生短期借贷的可能情境是，借款人急需短期资金周转，在出借人资金的支持下，借款人实现了重要的借款目的，如对重大疾病的医治或挽救了一个企业的持续经营。在目的达成之后，借款人若主张利率过高难免有违背诚实信用原则的嫌疑。

第四，在借款金额方面，借款金额越大，法官判大于四倍的可能性越大。此处的规律性很强，但仿佛违背了一般人可能有的预想。通常来说，借款额度较小时，法官应放松对利率的管制，因为小额借款往往不易导致过高的利息，债务履行实现的可能性也较大。但数据的递进趋势恰恰相反，换一个角度思考，笔者认为这其中可能隐含了法官对借款用途的考虑。若与借款用途相联系，那么小额借贷更可能是用于生活消费，大额借款则更多地用于生产经营。于是，法官的做法可能意在严格限制生活性借贷利率，而放宽生产经营性借贷利率。

第五，法官对涉及企业的借贷更有可能判大于四倍。这一差异并不显著，但也在一定程度上反映了法官的保护倾向。法官可能考虑的是，企业较个人资金实力更强，因而债权实现更有可能。

在审理民间借贷利率纠纷案件时，法官或许既融入了民事审判思维，也融合了金融审判思维。民事审判思维表现在法官对民法及合同法基本原则的运用，包括自愿、公平、诚实信用及公序良俗原则以及合同法中的保护财产安全的基本思想。金融审判思维也同时影响着法官的审判，其中包括金融法中的金融公平、金融安全、金融效率以及保护消费者的价值目标。[①] 从统计结果整体上分析，民事审判思维似乎在法官的裁判思路中占据了更重要的分量。

二、2015 年新利率规制的弊端：以第 26 条为中心

《民间借贷司法解释》关于民间借贷利率“两线三区”划分的核心条文主要是第 26 条。该条规定，借贷双方约定的利率未超过年利率 24%，出借人请求借款人按照约定的利率支付利息的，人民法院应予支持。借贷双方约定的利率超过年利率 36%，超过部分的利息约定无效。借款人请求出借人返还已支付的超过年利率 36% 部分的利息的，人民法院应予支持。这条规定具有一定局限性。

（一）缺少现实意义

制定该条规定初衷是为了保护借款人的利益，防止过高的借贷利息会使他们不堪重负。然而，在实践中，我们可以发现，出于这样目的的法律规定似乎意义不大。只要深入了解民间借贷的流程，就可以发现，借款先扣除利息即所谓的“砍头息”的做法大量存在，变相地提高了借贷利息，甚至有些出借人这样做很明确，就是为了想方设法地规避 36% 的利率法律红线，以确保该部分“自然之债”的实现。

---

① 冯果：《金融法的“三足定理”及中国金融法制的变革》，载《法学》2011 年第 9 期。

囿于我国尚未有大额现金支付强制银行转账的规定，且目前出借人提前扣除利息的做法一般比较隐蔽，出借人与借款人之间往往进行定期结算，签订结算协议、还款协议等书面文件，或者更换借条欠条、收据等债权凭证方式，导致债权凭证载明出借本金数额并非借款人实际收到的本金数额。一旦借款人想要主张利息已经提前扣除的，依据《民事诉讼法司法解释》第 90 条、第 91 条的证据规则法理，就应对该事实承担举证责任，就像前文所述，提前扣除利息的行为的隐蔽性，必然导致借款人举证的难度加大。

所以，"超过 36% 利率无效"的规定表面上看似可以维护借款人的利益，实际上在出借人绞尽脑汁采取的各种规避措施面前，借款人可能连基本的举证能力都没有，这种规定很难达到保护借款人利益的目的。显然，该条款似乎就缺乏相应的现实意义。

（二）不利于出借人与借款人利益的实现

根据新的司法解释，年利率超过 36% 的部分利息，为"非法债务"，同时规定了借款人已经给付的，可请求出借人返还。因此，对于出借人而言，可以说他们的利益受到了很大的损害。因为民间借贷产生的最主要原因是"一些小微企业因缺少担保，通过商业银行获得贷款的概率相对较低"，从而转向民间借贷进行融资。所以，民间借贷的违约风险是很大的。

民间借贷的出借人在放贷之前，他会对借款人的借贷期限、借贷用途、还款能力和信用记录等事项进行考察，相对较高的借贷利率便体现了出借人对成本的控制和风险的弥补。因此，对于那些为了弥补资金违约风险而约定年利率超过 36% 的出借人来说，利息超过部分必须返还给借款人，这样的规定未免有失公平。

同时，较高的交易费用和风险承担使民间借贷本身所具有的地域性和亲缘性优势也无法有效发挥，这就很有可能导致民间借贷机构被那些具有相当规模的正规金融机构挤出金融市场，难以继续生存下去。另外，出于保护借款人利益的规定，未必会使借款人的境况变好。原因是，超过 36% 利率无效的规定存在漠视正常的对临时资金周转的市场需求的问题。根据金融学的原理，长期借贷与临时性资金周转风险不同，资金价格应当不同，也就应该适用不同的借贷利率。新司法解释之所以“一刀切”，是因为政策制定者担心“如果对短期利率单独设置更高的利率上限，易于产生潜在的多重困境，长短期借贷难以区分、法律规避行为难以化解、短期利率难以设定、长短期借贷利率可能倒挂等”。这样的规定有着易于执行的优势，但是却会导致年利率超过 36% 的短期借生存空间，而对于很多中小企业寻求民间借贷融资的目的很大一部分是用来短期资金周转，在自然债务阶段短期资金周转者尚有资金可去，而现在处于非法债务阶段，法律消灭了市场，利率管制使短期资金周转需求者再无资金可觅，丧失了获得贷款的机会。这对于本就生存在夹缝中的中小企业来说，由于短期资金周转困难导致生产经营难以维持下去的打击远远胜于高利息所带来的压力。

可以说，这种利率管制保护弱势的借款人只是理论上的一个假想，实质上反而剥夺了借贷双方的自主选择权，使借贷双方的境况变得更差。

（三）缺乏法律依据

最新的司法解释将年利率超过 36% 以上部分的利息规定为无效或非法，并没有相应的法律依据。我国立法机关制定的涉及民法、金融法、经济法、行政法等方面的相关法律并没有强制性规定民间借贷主体的放款利率不得超过某一比例。例如，最高人民法院《关于贯彻执行〈中华人民共和国民法通则〉若干问题的意见（试行）》第122条规定，公民之间的生产经营性借贷的利率，可以适当高于生活性借贷利率。如因利率发生纠纷，应本着保护合法借贷关系，考虑当地实际情况，有利于生产和稳定经济秩序的原则处理。《合同法》第211条规定，自然人之间的借款合同约定支付利息的，借款的利率不得违反国家有关限制借款利率的规定。

从法律位阶来看，这些法律是上位法，而司法解释是下位法，前者的法律效力优于后者，这明显反映了不同位阶法律的冲突。并且，民间借贷合同中约定的利息，即使超过36%，也是借贷双方自愿协商的结果，借贷双方诚实信用地履行各自的义务，各取所需，法律应认定为有效。

第三节　新型中小企业民间融资利率机制的建构

以上文本、实证经验表明，中小企业民间融资利率案件的区域性差异、担保情况等一些关键要素在不同程度上左右法官的判决结果。法官的裁判方式表明了民间融资的法律保护逻辑，但事实上，由于规则的不完备，法官的一些裁判结果是“无法可依”的，因而不具有“正当性”。毫无疑问，司法经验表明有关民间借贷利率的立法、政策亟待完善。那么，如何摆正企业之间借贷的法律定位，如何合理配置放贷人的法律责任，如何监管放贷主体的市场准入，可以从以下路径尝试进行探索。

一、区分长期借款和临时性资金周转的不同性质,分类规制

对于民间借贷的利率管制,笔者认为还是应该在区分长期借款和临时性的资金周转(短期借款)的基础上对民间借贷利率进行分类规制。

很多中小企业可能在短期内无法迅速得到银行的贷款甚至得不到贷款资格,但因一时资金周转困难,就需要转向高利率的短期借贷。假设一个小企业主急需资金周转并向另一方借款10万元,约定月利率为5%,借款期限为7天,借款利率转化为年化利率即为60%,已经超过36%的利率上限。然而,借款人在7天后依约还款时应当支付的利息为1166.67元,相对于解决急需资金时的困境来说,也许这部分利息对于借款人来说微不足道。并且,在调研经济发达的地区时,一些临时性资金周转,月息5%是可以接受的,也是存在的,如业内称为“过桥”。救急的短期拆借周转,即一部分符合银行贷款条件的客户,急着用钱,但银行贷款有申请、审批和放款周期,两者存在时间差,在这个青黄不接空档期内,他们会提前向典当行或者担保公司寻求短期拆借。对于短期借贷来说,高利率对应的是货币的时间价值,它能够很好地解决短期内的资金周转困难,和发薪日贷款相似,它的高利率不具有掠夺性,所以,在法律规定上,应该给予它相对宽松的管制,提高短期借款的利率上限。

此外,就是对长期借款的规制。长期借款利率的期限结构与银行法定利率期限结构完全相反,与民间借贷的实际利率结构基本一致,反映了民间借贷尤其是长期民间借贷的投资性以及长期利率的稳定性。因此,对于长期借款,应当限制在相对合理的利率幅度内。

笔者认为，长期借款就可以按照新司法解释中“两线三区”的规则来进行规制。区分民间借贷的长短期期限结构，进行差异化利率限制，将民间借贷的利率与借贷交易的基本内容结合在一起，更加符合民间借贷的现实特点，能够更好地发挥利率作为价格工具的功能。

并且，这种差异化的利率规制机制融合了效率目标与公共利益目标，能够在一定程度上弥补民间借贷司法解释中“一刀切”的利率规制措施对贷款人和借款人利益的损害。从长远来看，“两线三区”还是应该回归到“一线两区”。超过一定利率界限的，还是应该视为自然债务，而不应该视为非法债务，对于借款人已经给付的利息，无权要求出借人返还。正如前文所讨论的“民间借贷利率超过36%无效”条款存在的种种局限性，无论是从法律依据还是从市场经济发展规律来看，对超过民间借贷利率固定值的借贷作出否定评价的法律规制都是存在争议的。

二、区分变相利率，加强法律规制

民间借贷中贷款人为了规避利率限制，在借贷合同中往往通过各种名目和方式变相提高利率，对于变相提高利率的方式没有禁止的必要，对于变相利率折合成实际利率适用最高利率限制对其进行规制即可。具体而言，需要区分以下几种情形，分别处理：

（一）民间借贷合同中除约定利率外还要求借款人在借款时支付各种手续费、综合服务费及高额的工本费等

对于这种情况，各种费用与利息折算后没有超过最高利率限制的，应该尊重当事人的意思自治，给予保护，折算后如果超过最高利

率限制的，应判定无效，不予支持。

（二）否定"砍头息"的效力

所谓"砍头息"，是指贷款人在向借款人交付本金时预先扣除利息的情形，"砍头息"的名目繁多，如保证金、手续费等。方式也是多种多样，如在借款合同中约定贷款人大部分借款通过转账的形式支付，而一部分通过现金的形式支付，因现金支付没有相应的凭证，借款人无法证明贷款人没有支付该笔借款，实际上就是"砍头息"。还有以"保证金"的名义出现，要求借款人从借款中预留一部分借款作为"保证还款的保证金"，待借款人还款时抵扣本金。

"砍头息"是一种侵害借款人合同利益的行为，不符合借款人借款的真实意思，达不到借款合同的合同目的，也违背贷款人交付借款的主要合同义务，使偿还利息在时间上提前到借款交付之时，变相地提高了利率，把借款人置于实质上不平等的位置。因此，对于"砍头息"不论借款人是否同意，均应当认定无效。"砍头息"的处理应注意，借款数额应认定实际支付的借款数额，借款利息应以实际借款数额计算利息，而非以约定的借款数额计算。

（三）承认复利的合法性

复利是一种计算利息的方式，俗称"利滚利"，是指在每经过一个计息期后，都要将所生利息加入本金，以计算下期的利息。银行借贷允许采用复利的方式计算利息。

现行对民间借贷以复利方式计算利息的规定主要是《民通意见》第125条，明确规定民间借贷不得以复利计算利息；1991年《借贷意见》第7条规定对复利并不禁止，只是按复利计算超过4倍的利率限制，超出部分的利率不予保护。两种都为司法解释属于同一位阶的法律，应以颁布时间的先后判断是否有效，应以 1991 年《借贷意见》为准。

然而，在实践中，有一种特殊的复利计算方式：借贷到期后，借款方未按时归还借款，借贷双方对前期借款本金和利息进行结算后将利息计入本金，重新形成借款协议或者出具借条、收条、欠条等借款凭证而计算利息。对此，广东省高级人民法院《关于当事人在借款到期后约定将本金连同利息再出借给借款人的协议是否有效的批复》认为，“约定将本金连同利息再出借给借款人的，属于当事人签订新的借款合同，如果双方约定的原借款利息和再借款利息没有违反有关法律、法规的规定，该协议应认定有效”，将这种计息方式视为新的借款协议，不认为是复利，并承认了其合法性。笔者认为，以结算方式重新计算利息仍然是复利，而不是一个新的协议，原因在于从《合同法》第 210 条规定来看，借款合同属实践性合同，合同的生效需贷款人支付借款。很显然，结算后本金中的利息部分，贷款人根本没有支付给借款人，因此，这种方式仅仅是对前借贷合同的结算，但并没形成一个新的借款合同。其实，进一步探究当事人之间的真实意图，我们可以发现，这种方式既是一种结算协议，又带有一种违约责任承担的意味。因此，笔者认为，复利仅仅是一种计算利息的方法，法律没有必要对一种计算利息的数学方法进行禁止，直接把复利折合成实际利率，并适用最高利率限制的规定加以调整即可。

三、构建以放贷人监管为核心的民间融资风险监管体系

不论是四倍利率还是“两线三区”的规定，立法初衷正是控制民

间融资风险。简言之，立法者希望通过一个简单的利率上限禁止性规定，从司法事后不予承认的角度反向约束民间金融主体的行为，防止“金融三乱”的出现。这些规定虽然在特定时期暂时防止了金融动乱，但其从来未能真正解决“高利贷”“地下钱庄”等问题，反而抑制了民间金融的发展。其根本原因在于颠倒了民间借贷高额利率形成的因果关系：普通民间借贷纠纷与一般合同违约并无本质区别。民间金融风险来源主要是民间信贷的组织化、规模化突破了熟人社会基于亲缘、地缘的人格约束的范围，参与各方信息不对称以及非理性逐利会形成金融系统性风险。非法集资和金融传销的危害性均在于此，高额利率的出现是其结果而非原因。因此，进行单一的利率管制不仅无效，而且会扰乱民间金融监管的思路，造成其他监管措施的空白。①

对于民间金融风险，监管部门不能寄希望于某一个特定措施，必须实实在在地建立一套事前识别、防范，事后控制、化解风险的综合监管机制。樊纲也曾指出，一个没有政府认真去发展和建立规范体系的金融领域，一定是高利贷盛行的领域。根据境外的经验和我国的具体情况， 个完善、有效的民间金融风险综合监管体系应以放贷人监管为核心，具有明确的监管主体、完善的监管内容及确定的民事、刑事责任。

（一）法律需要明确民间金融的监管主体

除确定中央一级的监管主体外，考虑到民间金融较强的地域特征，赋予地方机构对放贷人监管的行政权力，如政府金融办公室。

---

① 廖振中、高晋康：《我国民间借贷利率管制法治进路的检讨与选择》，载《现代法学》2012 年第 2 期。

（二）制定《放贷人条例》

对于使用非自有资金放贷的各种担保公司、投资公司或地下钱庄，应当界定为职业放贷人，设置放贷人准入门槛，将其经营情况纳入日常监管视野。根据其使用社会资金的规模大小，监管机构应对其注册资金、放贷金额总量、最低自有资金比例及业务透明度提出程度不同的监管要求。①

具体而言，首先，建立商事性借贷主体准入制度。对进入市场的职业放贷人，进行资金能力、信用资质的测评，并通过设置注册资金的方式来限定主体范围。具体注册资本额，可以参照《中国人民银行关于小额贷款公司试点的指导意见》中的规定，有限责任公司类的小额贷款公司的注册资本不得低于500万元，股份有限公司类的小额贷款公司的注册资本不得低于1000万元。这样的高门槛可以过滤一些不合资格的放贷人进入这种风险行业，也为整个金融安全网的构建提供了屏障。

其次，区别对待企业之间的借贷行为。从性质来看，企业之间借贷的性质比较特殊，作为放贷人的企业并不是专门从事此项业务的主体，一般只是因与借款企业存在业务往来或者关联关系而发生借贷，借贷行为既超越了民事性民间借贷的范畴，但又不完全属于营业性质的商事民间借贷，而是介入民事性质与商事性质之间。针对这一特征，立法上应当采取特别规范的方式，既不应像对待民事性民间借贷那样完全放开，也不应像对待商事性民间借贷那样设立准入门槛，而应分类定性，区别对待。可以参考美国纽约州《放债人

① 李有星、罗栩：《论〈放贷人条例〉制定的难点及其解决》，载《政治与法律》2011年第6期。

法》做法,将个人和企业偶尔的借贷行为排除在商事行为之列,不需要申领放债人牌照。

最后,在法律责任规制上,可借鉴我国香港地区《放债人条例》的立法经验,建立梯级过渡性的双层法律责任制度。香港地区《放债人条例》第24条规定:任何人(不论是否为放债人)以超过年息60%的实际利率贷出款项或要约贷出款项,即属犯罪。关于任何贷款的还款协议或关于任何贷款利息的付息协议,如其所定的实际利率超逾年息48%,则为本条的施行,单凭该事实即可推定该宗交易属敲诈性。可见,香港地区实际上是规定了两个不同层次的利率限制,违反不同层次的利率限制承担不同性质的法律后果。我国大陆也可据此,设置两个利率限制标准,不同程度的违法行为承担不同的法律责任,建立梯级过渡性的双层法律责任制度。

四、明确逾期利息与违约金的法律适用

中小企业民间融资逾期利息与违约金的适用问题,一直是司法实践中的难点,不同的法院对这个问题的认识并不一致,在处理上也采取不同的方式。一种观点认为,借款关系中,借款人到期未偿还款项,应支付逾期利息,违约金条款与逾期利息同时约定加重了债务人的责任,违约金不能支持,支付逾期利息就是承担违约责任的方式。另一种观点认为借贷双方在合同中同时约定逾期利息及违约金,债权人只能选择一种来主张债务人的违约责任,不可同时主张,审理中应最能补偿债权人损失的方式由债务人承担违约责任。有的观点认为逾期利息与违约金并不矛盾,债权人可同时主张,但要受到《民间借贷司法解释》最高不超过年利率24%上限。

《合同法》对违约金的规定,目的是惩罚违约行为,促使当事人完整地、适当地履行合同内容,如果当事人双方约定的违约金数额不是过分高,为维护守约一方的权益,应当支持。同时《合同法》分则第 207 条规定借款人未按期还款,应当支付逾期利息。由此可见,借款人逾期还款应当支付逾期利息方式来承担的违约责任,从该规定来看,并未排除当事人选择用违约金等其他形式,来追究对方的违约责任。根据当事人意思自治原则,违约金和逾期利息两种责任方式并不冲突,民间借贷合同也属于合同法的调整范畴。

在民间借贷中,当事人既约定逾期利息,又约定违约金,在审理案中存在如何取舍问题。我们既要充分尊重当事人的意思自治,又要考虑维护社会公共利益,防止当事人无限度地利用其民事权利。讨论逾期利息与违约金的前提是借款人存在逾期还款的违约行为,因此逾期利息、违约金与借期内的利息是存在差异的,并不能等同视之,最高利率限制并不当然的适用于逾期利息与违约金。具体而言,存在以下不同情况,应针对不同事实给予法律回应。

(一)逾期利息区分处理机制

从《合同法》第 207 条规定来看,逾期利息是借款人逾期还款违约责任承担方式之一。对于逾期利息,又分两种情形分别予以讨论:一是借款合同中约定了借款利率,也约定了逾期利率。这种情况下,应尊重当事人的意思自治,逾期利息直接按约定逾期利率计算即可。约定的逾期利率实际上是双方对逾期还款违约行为损失的预见,其实质是违约金。如约定的违约金过高,可以按照《合同法》第 114 条第 2 款及参照最高人民法院《关于适用〈中华人民共和国合同法〉若干问题的解释(二)》第 29 条的规定对逾期利息进行调整。二是借款合同中约定了借期内利率但没有约定逾期利率,对于这种情况如何处理现行法上没有相应的规定。司法实践中大致有三种做法:一是按照同期贷款利率计算利息;二是按照借期内的利率计算利息;三是参照银行等金融机构的逾期贷款罚息利率标准计算逾期利息,在合同约定的利率上加收30% ~50%。

笔者认为,第一种做法在合同约定的利率高于同期贷款利率时,造成逾期利息反而低于借期内利率的不合理现象,因而不足取。第三种套用金融机构的逾期贷款罚息利率的做法,混淆了金融借贷与民间借贷的性质,银行逾期贷款罚息实质上是“法定违约金”。因此,这种做法是没有法律依据的。

第二种做法相对比较合理,从《合同法》第207条的规定来看,逾期利息是借款人逾期还款行为违约责任承担方式,而贷款人的损失其实就是因借款人逾期还款期间占用资金的利息损失,而且对这一损失,双方是有预见的。因而,可以按照借期内的利率计算逾期利息。但按借期内的利率计算逾期利息并没有体现对借款人违约行为的惩罚性,也没有体现对贷款人交易风险的补偿(借款人出现逾期还款的违约行为,就说明借款人的偿还能力有所欠缺,贷款人收回本金的风险加大),因此,笔者认为,若贷款人在不违反公平原则的前提下,提出适当高于借期内的利率而主张逾期利率的,也应当支持。

第三种做法既没有约定借期内利率,又没有约定逾期利率,有明确的法律规定。《民通意见》第124条规定,“可以比照银行同类贷款利率计息”。通过分析可以发现,不同情况下的“逾期利息”性质上是不一样的,分为两种情况:一是借款合同中对逾期利率有约定的，逾期利息就是《合同法》第114条第3款规定的迟延履行违约金。二是没有约定逾期利率的情况则属于借款人逾期归还借款本息时支付给贷款人的超期使用资金的利息，此时的逾期利息仍然是利息。

（二）逾期还款约定违约金处理机制

借款合同中经常出现逾期还款违约金条款，具体有两种情况：一是只约定违约金，没有约定逾期利率。二是既约定违约金又约定逾期利率。笔者认为，第一种情况，只约定违约金与只约定逾期利率在处理上应该是一样的，即按违约金的调整方式调整即可，原因是两者性质相同。第二种情况，难点在两者可否同时适用的问题。一种观点认为，逾期利率与违约金实际上是迟延履行的违约金，二者针对的都是借款人逾期还款的违约行为，因而只约定逾期利率或者只约定违约金，应适用《合同法》第114条第2款关于违约金的调整的规定，而不适用最高利率限制的规定。二者不能同时主张，如浙江省高级人民法院《关于审理民间借贷纠纷案件若干问题的指导意见》第23条即持该主张。另一种观点认为，逾期利率与违约金性质并不完全相同，可以同时适用，并不受最高利率的限制。还有一种观点认为，逾期利率与违约金可以同时适用，但两者之和仍应当受到利率最高上限的限制，如江苏省高级人民法院《借贷合同纠纷案件审理指南》的规定。

笔者认为，借款合同中双方当事人就逾期还款既约定了违约金又约定了逾期利率时两者能否同时适用，应该探究当事人作出意思表示的真实意思，其与只约定违约金或者逾期利率的情况有所不同。在既约定了违约金又约定了逾期利率的情况下，逾期利率一般针对贷款人在借款人逾期还款时的利息损失，是补偿性质的；而违约金更多的是针对借款人逾期还款行为本身，作为督促借款人还款的压力手段而存在。换言之，此时的违约金是带有惩罚性质的。两者性质并不一样，同时主张在理论上并不存在障碍。关于违约金和逾期利息之和是否要受最高利率限制。笔者认为，根据《合同法》第114 条第 2 款、第 3 款的规定，我国法上并不一概排斥惩罚性违约金的适用，在一定程度上是允许违约金高于损失的，因此违约金与逾期利息之和并不适用最高利率限制。当然，违约金与逾期利息之和不受最高利率限制，不是说不受任何限制。实际上，贷款人在借款人逾期还款的情形下，实际损失最高不会超过最高利率计算的利息。因此，过分高于通过最高利率计算的利息，可以请求法院给予调整。

最高人民法院关于审理民间借贷案件适用法律若干问题的规定

（2015 年 6 月 23 日最高人民法院审判委员会第 1655 次会议通过　2015 年 8 月 6 日公布　法释〔2015〕18 号　自 2015 年 9 月 1 日起施行）

为正确审理民间借贷纠纷案件，根据《中华人民共和国民法通则》《中华人民共和国物权法》《中华人民共和国担保法》《中华人民共和国合同法》《中华人民共和国民事诉讼法》《中华人民共和国刑事诉讼法》等相关法律之规定，结合审判实践，制定本规定。

第一条　本规定所称的民间借贷，是指自然人、法人、其他组织之间及其相互之间进行资金融通的行为。

经金融监管部门批准设立的从事贷款业务的金融机构及其分支机构，因发放贷款等相关金融业务引发的纠纷，不适用本规定。

第二条　出借人向人民法院起诉时，应当提供借据、收据、欠条等债权凭证以及其他能够证明借贷法律关系存在的证据。

当事人持有的借据、收据、欠条等债权凭证没有载明债权人，持有债权凭证的当事人提起民间借贷诉讼的，人民法院应予受理。被告对原告的债权人资格提出有事实依据的抗辩，人民法院经审理认为原告不具有债权人资格的,裁定驳回起诉。

第三条 借贷双方就合同履行地未约定或者约定不明确,事后未达成补充协议,按照合同有关条款或者交易习惯仍不能确定的,以接受货币一方所在地为合同履行地。

第四条 保证人为借款人提供连带责任保证,出借人仅起诉借款人的,人民法院可以不追加保证人为共同被告;出借人仅起诉保证人的,人民法院可以追加借款人为共同被告。

保证人为借款人提供一般保证,出借人仅起诉保证人的,人民法院应当追加借款人为共同被告;出借人仅起诉借款人的,人民法院可以不追加保证人为共同被告。

第五条 人民法院立案后,发现民间借贷行为本身涉嫌非法集资犯罪的,应当裁定驳回起诉,并将涉嫌非法集资犯罪的线索、材料移送公安或者检察机关。

公安或者检察机关不予立案,或者立案侦查后撤销案件,或者检察机关作出不起诉决定,或者经人民法院生效判决认定不构成非法集资犯罪,当事人又以同一事实向人民法院提起诉讼的,人民法院应予受理。

第六条 人民法院立案后,发现与民间借贷纠纷案件虽有关联但不是同一事实的涉嫌非法集资等犯罪的线索、材料的,人民法院应当继续审理民间借贷纠纷案件,并将涉嫌非法集资等犯罪的线索、材料移送公安或者检察机关。

第七条 民间借贷的基本案件事实必须以刑事案件审理结果为依据,而该刑事案件尚未审结的,人民法院应当裁定中止诉讼。

第八条 借款人涉嫌犯罪或者生效判决认定其有罪,出借人起诉请求担保人承担民事责任的，人民法院应予受理。

第九条 具有下列情形之一，可以视为具备合同法第二百一十条关于自然人之间借款合同的生效要件：

（一）以现金支付的，自借款人收到借款时；

（二）以银行转账、网上电子汇款或者通过网络贷款平台等形式支付的，自资金到达借款人账户时；

（三）以票据交付的，自借款人依法取得票据权利时；

（四）出借人将特定资金账户支配权授权给借款人的，自借款人取得对该账户实际支配权时；

（五）出借人以与借款人约定的其他方式提供借款并实际履行完成时。

第十条 除自然人之间的借款合同外，当事人主张民间借贷合同自合同成立时生效的，人民法院应予支持，但当事人另有约定或者法律、行政法规另有规定的除外。

第十一条 法人之间、其他组织之间以及它们相互之间为生产、经营需要订立的民间借贷合同，除存在合同法第五十二条、本规定第十四条规定的情形外，当事人主张民间借贷合同有效的，人民法院应予支持。

第十二条 法人或者其他组织在本单位内部通过借款形式向职工筹集资金，用于本单位生产、经营，且不存在合同法第五十二条、本规定第十四条规定的情形，当事人主张民间借贷合同有效的，人民法院应予支持。

第十三条 借款人或者出借人的借贷行为涉嫌犯罪，或者已经生效的判决认定构成犯罪，当事人提起民事诉讼的，民间借贷合同并不当然无效。人民法院应当根据合同法第五十二条、本规定第十四条之规定，认定民间借贷合同的效力。

担保人以借款人或者出借人的借贷行为涉嫌犯罪或者已经生效的判决认定构成犯罪为由，主张不承担民事责任的，人民法院应当依据民间借贷合同与担保合同的效力、当事人的过错程度，依法确定担保人的民事责任。

第十四条 具有下列情形之一，人民法院应当认定民间借贷合同无效：

（一）套取金融机构信贷资金又高利转贷给借款人，且借款人事先知道或者应当知道的；

（二）以向其他企业借贷或者向本单位职工集资取得的资金又转贷给借款人牟利，且借款人事先知道或者应当知道的；

（三）出借人事先知道或者应当知道借款人借款用于违法犯罪活动仍然提供借款的；

（四）违背社会公序良俗的；

（五）其他违反法律、行政法规效力性强制性规定的。

第十五条 原告以借据、收据、欠条等债权凭证为依据提起民间借贷诉讼，被告依据基础法律关系提出抗辩或者反诉，并提供证据证明债权纠纷非民间借贷行为引起的，人民法院应当依据查明的案件事实，按照基础法律关系审理。

当事人通过调解、和解或者清算达成的债权债务协议，不适用前款规定。

第十六条 原告仅依据借据、收据、欠条等债权凭证提起民间借贷诉讼，被告抗辩已经偿还借款，被告应当对其主张提供证据证明。被告提供相应证据证明其主张后，原告仍应就借贷关系的成立承担举证证明责任。

被告抗辩借贷行为尚未实际发生并能作出合理说明，人民法院应当结合借贷金额、款项交付、当事人的经济能力、当地或者当事人之间的交易方式、交易习惯、当事人财产变动情况以及证人证言等事实和因素，综合判断查证借贷事实是否发生。

第十七条 原告仅依据金融机构的转账凭证提起民间借贷诉讼，被告抗辩转账系偿还双方之前借款或其他债务，被告应当对其主张提供证据证明。被告提供相应证据证明其主张后，原告仍应就借贷关系的成立承担举证证明责任。

第十八条 根据《关于适用〈中华人民共和国民事诉讼法〉的解释》第一百七十四条第二款之规定，负有举证证明责任的原告无正当理由拒不到庭，经审查现有证据无法确认借贷行为、借贷金额、支付方式等案件主要事实，人民法院对其主张的事实不予认定。

第十九条 人民法院审理民间借贷纠纷案件时发现有下列情形，应当严格审查借贷发生的原因、时间、地点、款项来源、交付方式、款项流向以及借贷双方的关系、经济状况等事实，综合判断是否属于虚假民事诉讼：

（一）出借人明显不具备出借能力；

（二）出借人起诉所依据的事实和理由明显不符合常理；

（三）出借人不能提交债权凭证或者提交的债权凭证存在伪造的可能；

（四）当事人双方在一定期间内多次参加民间借贷诉讼；

（五）当事人一方或者双方无正当理由拒不到庭参加诉讼，委托

代理人对借贷事实陈述不清或者陈述前后矛盾;

(六)当事人双方对借贷事实的发生没有任何争议或者诉辩明显不符合常理;

(七)借款人的配偶或合伙人、案外人的其他债权人提出有事实依据的异议;

(八)当事人在其他纠纷中存在低价转让财产的情形;

(九)当事人不正当放弃权利;

(十)其他可能存在虚假民间借贷诉讼的情形。

第二十条 经查明属于虚假民间借贷诉讼,原告申请撤诉的,人民法院不予准许,并应当根据民事诉讼法第一百一十二条之规定,判决驳回其请求。

诉讼参与人或者其他人恶意制造、参与虚假诉讼,人民法院应当依照民事诉讼法第一百一十一条、第一百一十二条和第一百一十三条之规定,依法予以罚款、拘留;构成犯罪的,应当移送有管辖权的司法机关追究刑事责任。

单位恶意制造、参与虚假诉讼的,人民法院应当对该单位进行罚款,并可以对其主要负责人或者直接责任人员予以罚款、拘留;构成犯罪的,应当移送有管辖权的司法机关追究刑事责任。

第二十一条 他人在借据、收据、欠条等债权凭证或者借款合同上签字或者盖章,但未表明其保证人身份或者承担保证责任,或者通过其他事实不能推定其为保证人,出借人请求其承担保证责任的,人民法院不予支持。

第二十二条 借贷双方通过网络贷款平台形成借贷关系,网络贷款平台的提供者仅提供媒介服务,当事人请求其承担担保责任的，人民法院不予支持。

网络贷款平台的提供者通过网页、广告或者其他媒介明示或者有其他证据证明其为借贷提供担保，出借人请求网络贷款平台的提供者承担担保责任的，人民法院应予支持。

第二十三条　企业法定代表人或负责人以企业名义与出借人签订民间借贷合同，出借人、企业或者其股东能够证明所借款项用于企业法定代表人或负责人个人使用，出借人请求将企业法定代表人或负责人列为共同被告或者第三人的，人民法院应予准许。

企业法定代表人或负责人以个人名义与出借人签订民间借贷合同，所借款项用于企业生产经营，出借人请求企业与个人共同承担责任的，人民法院应予支持。

第二十四条　当事人以签订买卖合同作为民间借贷合同的担保，借款到期后借款人不能还款，出借人请求履行买卖合同的，人民法院应当按照民间借贷法律关系审理，并向当事人释明变更诉讼请求。当事人拒绝变更的，人民法院裁定驳回起诉。

按照民间借贷法律关系审理作出的判决生效后，借款人不履行生效判决确定的金钱债务，出借人可以申请拍卖买卖合同标的物，以偿还债务。就拍卖所得的价款与应偿还借款本息之间的差额，借款人或者出借人有权主张返还或补偿。

第二十五条　借贷双方没有约定利息，出借人主张支付借期内利息的，人民法院不予支持。

自然人之间借贷对利息约定不明，出借人主张支付利息的，人民法院不予支持。除自然人之间借贷的外，借贷双方对借贷利息约定不明，出借人主张利息的，人民法院应当结合民间借贷合同的内容,并根据当地或者当事人的交易方式、交易习惯、市场利率等因素确定利息。

第二十六条 借贷双方约定的利率未超过年利率24%,出借人请求借款人按照约定的利率支付利息的,人民法院应予支持。

借贷双方约定的利率超过年利率36%,超过部分的利息约定无效。借款人请求出借人返还已支付的超过年利率36%部分的利息的,人民法院应予支持。

第二十七条 借据、收据、欠条等债权凭证载明的借款金额,一般认定为本金。预先在本金中扣除利息的,人民法院应当将实际出借的金额认定为本金。

第二十八条 借贷双方对前期借款本息结算后将利息计入后期借款本金并重新出具债权凭证,如果前期利率没有超过年利率24%,重新出具的债权凭证载明的金额可认定为后期借款本金;超过部分的利息不能计入后期借款本金。约定的利率超过年利率24%,当事人主张超过部分的利息不能计入后期借款本金的,人民法院应予支持。

按前款计算,借款人在借款期间届满后应当支付的本息之和,不能超过最初借款本金与以最初借款本金为基数,以年利率24%计算的整个借款期间的利息之和。出借人请求借款人支付超过部分的,人民法院不予支持。

第二十九条 借贷双方对逾期利率有约定的,从其约定,但以不超过年利率24%为限。

未约定逾期利率或者约定不明的,人民法院可以区分不同情况处理:

（一）既未约定借期内的利率，也未约定逾期利率，出借人主张借款人自逾期还款之日起按照年利率6%支付资金占用期间利息的，人民法院应予支持；

（二）约定了借期内的利率但未约定逾期利率，出借人主张借款人自逾期还款之日起按照借期内的利率支付资金占用期间利息的，人民法院应予支持。

第三十条 出借人与借款人既约定了逾期利率，又约定了违约金或者其他费用，出借人可以选择主张逾期利息、违约金或者其他费用，也可以一并主张，但总计超过年利率24%的部分，人民法院不予支持。

第三十一条 没有约定利息但借款人自愿支付，或者超过约定的利率自愿支付利息或违约金，且没有损害国家、集体和第三人利益，借款人又以不当得利为由要求出借人返还的，人民法院不予支持，但借款人要求返还超过年利率36%部分的利息除外。

第三十二条 借款人可以提前偿还借款，但当事人另有约定的除外。

借款人提前偿还借款并主张按照实际借款期间计算利息的，人民法院应予支持。

第三十三条 本规定公布施行后，最高人民法院于1991年8月13日发布的《关于人民法院审理借贷案件的若干意见》同时废止；最高人民法院以前发布的司法解释与本规定不一致的，不再适用。

图书在版编目(CIP)数据

民间融资法律补偿机制实证研究:一个中小企业的视角 / 李婧著. -- 北京:法律出版社, 2017.4
ISBN 978-7-5197-0771-2

Ⅰ. ①民… Ⅱ. ①李… Ⅲ. ①企业融资-法律-研究-中国 Ⅳ. ①D922.291.914

中国版本图书馆CIP数据核字(2017)第063091号

民间融资法律补偿机制实证研究:
一个中小企业的视角
MINJIAN RONGZI FALÜ BUCHANG JIZHI SHIZHENG YANJIU:
YIGE ZHONGXIAO QIYE DE SHIJIAO

李　婧　著

责任编辑 慕雪丹
装帧设计 汪奇峰

编辑统筹 法商出版分社

出版 法律出版社
总发行 中国法律图书有限公司
经销 新华书店
印刷 北京京华虎彩印刷有限公司
责任印制 胡晓雅

开本 A5
印张 6.125
字数 210千
版本 2018年4月第1版
印次 2018年4月第1次印刷

法律出版社/北京市丰台区莲花池西里7号(100073)
网址/www.lawpress.com.cn
投稿邮箱/info@lawpress.com.cn
举报维权邮箱/jbwq@lawpress.com.cn
销售热线/010-63939792/9779
咨询电话/010-63939796

中国法律图书有限公司/北京市丰台区莲花池西里7号(100073)
全国各地中法图分、子公司销售电话:
统一销售客服/400-660-6393
第一法律书店/010-63939781/9782　西安分公司/029-85330678　重庆分公司/023-67453036
上海分公司/021-62071010/1636　深圳分公司/0755-83072995

书号:ISBN 978-7-5197-0771-2　　**定价:**36.00元
(如有缺页或倒装,中国法律图书有限公司负责退换)